Rhea Powers

Zeit zur Freude

Rhea Powers

Zeit zur Freude

ch. falk verlag

Aus dem Amerikanischen
von Anna-Christine Raßmann

Titel der Originalausgabe:
Realms Beyond

5. Auflage, August 1990

Umschlaggestaltung: Manuela Rosenkind
und Angelo Falk (5 J.)

Satz: Indragni, Ascheberg-Herbern
Druck: F. Steinmeier, Nördlingen

Printed in Germany
ISBN 3-924161-07-0

Einleitung

Du bist ein Lichtarbeiter. Deine Mission auf der Erde ist, Licht zu verbreiten. Deine Mission auf Erden ist es, Freude zu bringen und Feiern. Du bist hier, um ein Teil der Vollendung des Prinzips der Dualität zu sein. Du bist hier, um das Licht in die Herzen anderer zu bringen. Wir auf dem Planeten Venus und Millionen anderer von uns vereinen unser Bewußtsein mit dem euren, um das Übel auf der Erde zu Ende zu bringen. Es ist Zeit für uns alle, schnell vorwärts zu gehen. Der Wechsel naht. Mit deiner Hilfe kann die Zerstörung des Planeten abgewandt werden. Mit deiner Hilfe kann die Reinigung eine des Bewußtseins sein und nicht eine der physischen Zerstörung. In diesem Buch wollen wir die Dimensionen dessen erforschen, wer du bist. In diesem Buch wirst du dein wahres Selbst entdecken. Wir sind mit dir.

Kapitel 1

Licht

Du bist ein Prisma, das alle Möglichkeiten spiegelt. Alle Farben des Regenbogens sind in dir. Jede Farbe stellt *eine* Möglichkeit in der Schöpfung dar. Im Regenbogen fehlt nichts.

Die schwarze Wolke, die über der Erde hängt, ist eine Wolke der Verwirrung. Alle die Farben, die der Mensch zum Ausdruck bringen könnte, sind in der Verwirrung des menschlichen Geistes miteinander vermischt worden. Der Mensch hat die Fähigkeit verloren, die Farben seines inneren Regenbogens auseinanderzuhalten. Deine Farben sind durcheinandergebracht worden, und die Wolke, die Dunkelheit der Verwirrung, umgibt dich ebenso wie deine Brüder und Schwestern. Es ist Zeit, die Wolke zu lüften. Es ist Zeit, hinauszustrahlen und die multidimensionalen Farben des Regenbogens auf die Erde zu bringen.

Du bist der Schatz am Ende deines eigenen Regenbogens. Goldene Möglichkeiten erwarten dich, wenn du diese Seiten liest und dein eigenes vieldimensionales Selbst entdeckst. Jede deiner Möglichkeiten wartet auf dich. Jeder Gedanke möchte sich erfüllen. Jeder Traum, den du je zu träumen gewagt hast, kann wahr werden. Du bist der Schöpfer deines eigenen Universums. Wenn du dein Festhalten am Übel aufgibst, kannst du das vieldimensionale Prisma, das du bist, entdecken. Du kannst das Licht Gottes klarer widerspiegeln und brechen. Du bist ein Lichtarbeiter, zu dieser Zeit auf der Erde, um am Abschluß des Experiments der Dualität mitzuwirken. Gut und schlecht, richtig und falsch, hoch und niedrig — all diese dualistischen Konzepte existieren im Bereich der Dualität. Du kannst diese Bereiche hinter dir lassen. Du kannst das Gute, die Liebe, Gott zum Ausdruck bringen, ohne das Gegenteil davon erfahren oder ausdrücken zu müssen.

Wir auf dem Planeten Venus sind deine Partner, wenn du das Übel in dir beendest. Wir sind hier, wir spornen dich an. Wir haben bereits jede Teilnahme an dem Experiment der Dualität abgeschlossen, die wir uns vielleicht gestattet haben. Deshalb sind wir nicht mehr auf der Erde. Du bist noch auf der Erde. Du beteiligst dich noch an dem Experiment, das das Übel real macht. Das Übel ist eine Illusion, die auf der Illusion von Getrenntheit beruht. Dein Ego ist der Mechanismus, der dich an die Erfahrung von Übel bindet. Du mußt über dein Ego hinausgehen. Du mußt über deine Getrenntheit hinausgehen. Wenn du das tust, erlebst du deine Einheit mit allem Sein. Wir sind deine Freunde. Es gibt unzählige Millionen von Bewußtseinen, die euch anspornen und anfeuern, damit die Erde den letzten Kampf gegen das Übel gewinnt.

Du bist ein multidimensionales Bewußtsein. Du existierst auf vielen Ebenen. Nicht alle Ebenen sind deinem bewußten Denken zugänglich. Mit Hilfe der Techniken in diesem Buch kannst du beginnen, die anderen

Selbste — die auch Teil von dir sind — zu erleben und die Verantwortung für sie zu übernehmen. Deine Brüder und Schwestern auf der Erde sind ebenfalls multidimensional. Viele von ihnen werden jedoch niemals dieses Buch lesen. Wenn du deine vielen Dimensionen entdeckst und integrierst, werden die Menschen um dich herum das auch tun. Durch dein Beispiel gehst du den anderen voran. Du bist ein Lichtarbeiter und bringst den Menschen um dich her dein Licht und deine Liebe. Wir von der Venus sind deine Partner beim Erforschen und Entdecken deiner selbst. Wir schreiben dieses Buch, um dir dabei zu helfen, ein tieferes Verständnis und eine umfassendere Erfahrung dessen, was du bist, zu entwickeln.

Jedes Mal, wenn du eine weitere Facette deines Selbst entdeckst, kommst du der Wahrheit dessen, was du bist, näher. Du kannst dich auf einer viel tieferen Ebene kennenlernen, als du sie gegenwärtig erfährst. Du bist multidimensional. Mit vielen dieser Dimensionen bist du im Augenblick nicht in Berührung. Deshalb hast du große Widerstände dagegen, diese neuen Bereiche dessen, was du bist, zu erkunden. Aber du kannst die Grenzen deiner üblichen Vorstellungen von dem, was du bist, überschreiten.

Du bist ein Hologramm der *Istheit*. Du wirkst wie das Prisma, das alle Farben sichtbar werden läßt. Wir werden dir dabei helfen, die Farben deines Regenbogens zu entdecken.

Die Seele ist von Natur aus multidimensional, und du existierst in vielen Dimensionen. Im allgemeinen bist du dir nur jener Dimension deines Selbst bewußt, die in physischer Form auf der Erde lebt. Du existierst gleichzeitig in der Gegenwart und in der sogenannten Vergangenheit. Du existierst auch in der Zukunft.

Aspekte deines Selbst existieren sowohl in nichtphysischen Dimensionen und Realitäten als auch in der physischen Wirklichkeit. Jeder von euch hat viele Selbste. Jeder von euch hat seine eigene, einzigartige Weise, die Istheit auszudrücken und zu spiegeln.

Du bist ein Funken von Licht und enthältst in dir viele andere Funken. Zusammen seid ihr eine Spiegelung und ein Ausdruck der Istheit. Du bist ein Funken von Licht, der gleichzeitig alles enthält, was ist, und alles reflektiert, was ist. Du bist ein Mikrokosmos des Universums, ein Hologramm.

Dein multidimensionales Selbst existiert jenseits der physischen Wirklichkeit. Es existiert auch jenseits der Reichweite deines Denkens. Durch deine mentalen Gedankenvorgänge kannst du das, was du bist, nicht auf endgültige und umfassende Weise entdecken. Du bist ein Zweig an einem Bewußtseinsbaum, der mit vielen anderen Zweigen zusammenhängt, wenn er sich dem Stamm oder der Hauptenergiequelle aller Zweige des Baumes nähert. Der Baum selbst hat seine Wurzeln im höchsten Sein.

Viele der anderen Zweige an dem Baum des Bewußtseins, von dem auch du ein Zweig bist, erleben ihr Bewußsein als in anderen Zeiten als du existierend. Das heißt, du bist mit Bewußtseinszweigen verbunden, die sich als in physischen Realitäten existierend erleben, die nicht derselben Zeitepoche angehören, in der du deine Verbindung mit der Zeit erfährst. Diese Bewußtseine existieren gleichzeitig mit deinem Bewußtsein, auch wenn ihre Erfahrung der Zeit sich von der deinen unterscheidet. Die meisten der Bewußtseine an dem Bewußtseinsbaum, die mit deinem Bewußtsein zusammenhängen, existieren oder — innerhalb des Rahmens chronologischer Zeit — haben auf der Erde existiert. Es gibt jedoch auch Bewußtseine in physischer Realität, die zu demselben Bewußtseinsbaum gehören wie du, die in der physischen Realität sogenannter anderer Planeten leben. Du bist mit ihnen genauso verbunden wie mit den Bewußtseinszweigen an deinem Baum, die eine andere Zeitperiode auf der Erde erleben.

Mit deinem Bewußtsein sind auch nicht-physische Bewußtseine verbunden, das heißt, solche, die sich in einer nicht-physischen Realität ausdrücken. In dem Vergleich mit dem Baum kannst du dir diese als die Wurzeln vorstellen. Sie sind der Untergrund. Sie liegen jenseits der Sicht des normalen physischen Auges. Sie sind jedoch sehr gegenwärtig und versorgen die oberen physischen Zweige mit ihrem Bewußtsein und ihrer Energie. Letzlich sind sie nicht anders als die oberen physischen Zweige. Sie sind nicht besser oder heiliger, weil man sie nicht sehen kann. Sie sind jedoch näher an der Quelle der Energie, die den ganzen Organismus speist. Die sichtbaren Zweige oder Bewußtseine, die in physischer Form existieren, sind von dem Energiestrom abhängig, der ihnen aus den nicht-sichtbaren, nicht-physischen Quellen zufließt. Es versteht sich jedoch von selbst, daß die Abhängigkeit eine gegenseitige ist. Die Wurzeln haben die Aufgabe, den ganzen Organismus zu ernähren. Wenn sie nicht mit den oberen Zweigen oder physischen Manifestationen des Bewußtseins verbunden wären, hätten sie keinen Sinn. Sie würden aufhören zu existieren.

Wenn du dich selbst ganz kennst, beginnst du, deine Wahrnehmung so zu erweitern, daß sie das ganze physische und nicht-physische Netzwerk des Bewußtseins umfaßt, das Teil der Bewußtseinsstruktur ist, die dich mit der Quelle der Energie verbindet. Jedes Mal, wenn du einen weiteren Zweig auf dem Baum deines Bewußtseins entdeckst, näherst du dich der Wahrheit dessen, wer du wirklich bist. Du bist das Ganze. Ein Zweig ist auf irgendeine Weise mit allen anderen Zweigen verbunden. Das Leben eines Zweiges ist vom Leben des Ganzen abhängig. Die ganze Struktur ist eins. Wenn auch die Ausprägungen unterschiedlich sind und tatsächlich ein Teil der Struktur an der Oberfläche nicht sichtbar wird, so ist doch das ganze System eine in sich verbundene Einheit.

Du bist Teil von etwas viel Größerem als dein physischer Körper. Dein physischer Körper ist ein Zweig an dem Baum des Bewußtseins, der dich mit der Quelle allen Lebens und aller Energie verbindet. Einige Zweige an dem Baum beginnen zu wachsen und zu blühen, während andere verwelken. Aspekte deines Bewußtseins befinden sich in der Übergangsphase zwischen physischer Geburt und Tod. Manche Aspekte deines Bewußtseins kommen gerade in die physische Existenz herein, andere verlassen sie. All dies ist ein natürlicher Teil des Wachstumsprozesses der ganzen Struktur. Der Bewußtseinszweig, mit dem du am engsten verbunden bist, hat vielleicht noch andere Zweige, die zu blühen beginnen oder gerade eben die physische Existenz wieder verlassen. Dies ist ein natürlicher Teil des Flusses der Lebenskraft, die euch alle genauso erhält wie die größere allumfassende Struktur.

Du bist letztlich mit allem verbunden, was ist. Der Bewußtseinsbaum, an den du angeschlossen bist, kann als Teil eines riesigen Obstgartens mit vielen Bäumen gesehen werden, die alle aus demselben Boden ernährt werden. In dem Garten all dessen, was ist, gibt es zahlreiche andere Realitäten, und doch wurzeln wir alle in demselben Grund. Wir alle beziehen unsere Energie von Gott. Die Wurzeln deines Baumes sind vielleicht mit den Wurzeln eines Nachbarbaumes verbunden. Diese Realität steht deinem Bewußtsein daher näher als die Realität am anderen Ende des Gartens. An sich ist es möglich, jeden Baum in dem Garten zu kennen, da alle Bäume aus demselben Grund ernährt werden. Es ist jedoch unwahrscheinlich, daß dein Bewußtsein sich bis zu den Realitäten hin erweitern wird, die — um in diesem Bild zu bleiben — als Bäume am anderen Ende des Gartens existieren. Die Freude ist jedoch, deinen eigenen Baum kennenzulernen, und das beginnt damit, daß du deinen eigenen Zweig kennenlernst. Dieses Buch wird dich auf eine Reise durch Gottes Garten führen. Du kannst jetzt damit beginnen, dich vollständiger zu erfahren als bisher.

Kapitel 2

Wir auf dem Planeten Venus gehören zu demselben Bewußtseinsbaum wie Rhea. Wir sind ein Teil des Wurzelsystems, das die Zweige ihres Baumes ernährt.

In der Struktur des Baumes, an dem dein Bewußtsein nur ein Zweig ist, gibt es ähnliche Bewußtseine wie die unseren. Sie sind für dich erreichbar, so wie wir für Mrs. Powers erreichbar sind. Du kannst deine Mitbewußtseine genauso erreichen wie sie uns. Wir alle stehen euch zur Verfügung, und wir freuen uns immer, wenn wir Gelegenheit haben, durch euch mit der Erde in Austausch zu treten.

Wir existieren in einer anderen Schwingungsfrequenz als ihr, deshalb meinen eure Wissenschaftler, auf den anderen Planeten dieses Sonnensystems gäbe es kein Leben. Wir existieren in einer anderen Dimension. Wir sind da, können jedoch als Form von eurer Dimension aus nicht wahrgenommen werden, ohne die Schwingung des Betrachters drastisch zu verändern. Auf anderen Planeten in eurem Sonnensystem existiert Leben in weniger dichter Form als die euch vertraute. Diese Lebensformen sind jedoch nichtsdestoweniger vorhanden. Sie sind weniger dicht, aber immer noch physisch. Es ist Zeit, daß die Erde sich im Bewußtsein mit ihren Brüdern aus den anderen Dimensionen verbindet.

Du bist ein Zweig an dem Baum deines Bewußtseins. So wie ein Zweig Blätter, Rinde und Blüten hat und

Früchte oder Samen hervorbringt, aus dem neue Bäume wachsen können, so hast du Gedanken und Gefühle und einen Körper, der verschiedene Wachstumsstadien durchläuft. Man würde jedoch nicht sagen, daß der Zweig der Baum ist. Der Zweig ist ein Teil des Baumes. Du — dein Zweig — bist ein Ausdruck des Ganzen. Ohne die Wurzeln und die anderen Zweige, mit denen du zusammenhängst, würdest du nicht wachsen. Du hättest kein Leben. Das, was wir frühere Leben nennen, sind in dem Vergleich mit dem Baum die Äste, mit denen du unmittelbar verbunden bist. Wenn du das verästelte Muster, zu dem du gehörst, zurückverfolgst, gehst du tatsächlich in der Zeit zurück und betrachtest deine früheren Leben. Du wirst bemerken, daß an den Stellen, wo ein Zweig in einen größeren Ast einmündet, noch weitere Zweige in andere Richtungen abgehen. Und doch seid ihr alle mit demselben größeren Ast verbunden. Wenn du dir vorstellst, daß dieser größere Ast für deinen Zweig ein früheres Leben bedeutet, kannst du sehen, daß es vielleicht auch für einen anderen Zweig so ist. Das ist der Grund, weshalb gelegentlich mehr als ein Mensch sich an dasselbe frühere Leben erinnert. Der größere Ast hat mehr Energie als die kleinen Zweige. Analog dazu gibt es historische Persönlichkeiten, die mit viel Energie verbunden waren.

Viele Menschen haben sich mit dem Bewußtsein Christi identifiziert. Mit der Persönlichkeit, die Christus genannt wird, ist sehr viel Energie verbunden. Diese Christus genannte Persönlichkeit oder Manifestation des Bewußtseins kann als ein sehr dicker Ast des Baumes gesehen werden, aus dem viele, viele andere Äste herauswachsen. Menschen, die sich für Christus hielten oder dachten, sie seien Christus gewesen, sind nur mit diesem Teil ihres Bewußtseins in Berührung gekommen, diesem größeren Ast, aus dem ihre kleineren Zweige hervorgegangen sind. Ihre vermeintliche Selbsttäuschung ist also in vielen Fällen letztlich doch keine Täuschung.

An dem Baum des menschlichen Lebens auf der Erde hat es mehrere große Äste gegeben. Christus ist einer davon. Mohammed ist einer davon. Buddha ist einer davon. Auch Konfuzius, Zoroaster und Abraham sind solche großen Äste. Die kleinen Zweige sind mit einem dieser Hauptäste verbunden. Sie sind jedoch alle Teile desselben Baumes.

Jeder Baum in Gottes Garten hat verschiedene Eigenschaften. Du bist ein Teil des Baumes, der menschliches Leben in seiner physischen Manifestation auf dem Planeten Erde darstellt. Eine der Haupteigenschaften dieses Bewußtseinsbaumes, zu dem du gehörst, ist das menschliche Denken. Es ist dein menschliches Denken, das sich mit deiner gegenwärtigen physischen Manifestation identifiziert. Es behauptet, daß du der Zweig bist und nicht der Baum. Dieser Teil des menschlichen Denkens, der an der Überzeugung festhält, daß der Zweig vom Baum getrennt ist, wird Ego genannt. Es ist dein Ego, das dich auf den Glauben beschränkt, nur dieser kleine Teil des Zweiges an dem Baum zu sein, nur dein individuelles, physisches, psychologisches Ich. Da das Ego sich so identifiziert, ist es eine Bedrohung für das Ego, zu sehen und zu erleben, daß es eigentlich Teil einer viel größeren Struktur ist.

Es ist die Aufgabe des Ego, die Illusion des individuellen Ich und damit auch seine eigene Existenz aufrechtzuerhalten. Der Glaube, daß du von allem anderen Bewußtsein getrennt bist, ist jedoch eine Lüge. Ein Teil von dir weiß das. Ein Teil von dir trauert um den Verlust deiner Verbundenheit mit dem Ganzen. Es ist diese Sehnsucht nach Verbundenheit, nach Überwindung der Getrenntheit, die die Menschen dazu treibt, sich sexuell zu vereinigen und Drogen zu nehmen, die die Trennungslinien verwischen, die ihnen die physische Realität auferlegt. Sie ist es auch, die die Menschen motiviert, sich einer Gruppe mit einer starken und scheinbar verbindenden Ideologie anzuschließen. Sekten oder Banden oder bruderschaftliche Vereinigungen können daher sehr anziehend sein, auch wenn die Mitglieder allem Anschein nach ihre Individualität opfern.

Wahllose sexuelle Betätigung, Drogen oder Alkohol oder die Zugehörigkeit zu religiösen, bruderschaftlichen oder politischen Vereinigungen sind nicht an sich schlecht. Sie sind ein Ausdruck der Sehnsucht des Individuums, aus der Lüge der Getrenntheit auszubrechen. Diese Methoden verfehlen jedoch das Ziel. Diese Versuche, die Getrenntheit zu überwinden, stillen nicht das Bedürfnis danach, zu wissen, daß man in Wahrheit mit allem Sein verbunden ist, und zwar deshalb nicht, weil jeder dieser Versuche auf die eine oder andere Weise noch immer auf der Illusion der Getrenntheit basiert. Bei wahlloser sexueller Betätigung wird der sogenannte

Partner zum Objekt. Wenn man Drogen oder Alkohol nimmt, wird der eigene Körper zum Objekt, zu etwas Getrenntem. Wenn man sich einem Kult oder einer Sekte anschließt oder sich stark mit einer bestimmten Ideologie auf irgendeinem Gebiet identifiziert, dann trennt man sich von all jenen, die nicht dieser Ideologie anhängen. Anstatt Schluß zu machen mit der Lüge der Getrenntheit, verstärken diese Methoden deshalb vielmehr die Erfahrung persönlicher Isolation.

Das Denken beruht auf der Überzeugung, daß das System richtig ist oder daß vielleicht mehr von demselben das Bedürfnis befriedigen wird. Deshalb können sich Menschen in dem Streben nach romantischen Bindungen, in Drogen oder in einer bestimmten Ideologie verlieren. Das Gefühl, sich in etwas anderem zu verlieren, lindert das Gefühl der Getrenntheit. Wenn man sich auf diese Weise verliert, kann man sich jedoch — da man selbst verloren gegangen ist — nicht als Teil des Ganzen erleben.

Der Mensch versucht immer weiter, den Schmerz der Getrenntheit mit diesen unwirksamen Methoden zu lindern. Diese Methoden selbst haben ihm und dem Planeten noch zusätzlichen Schmerz gebracht. Wenn der Mensch die wahre Freude erfahren will, die es bedeutet, zu leben, müssen sie allmählich abgelegt werden. Diese Freude beruht auf der wahren Einheit, auf der wahren Erfahrung, daß du ein Teil des Ganzen bist. Du *bist* ja offensichtlich ein Teil des Ganzen. Freu Dich daran! Du kannst alle Zweige des Bewußtseins kennenlernen, mit denen du verbunden bist, auch die unsichtbaren Teile, die dich mit der Quelle aller Energie verbinden, der Quelle deiner eigenen Lebenskraft. Du kannst die Wahrheit dessen, wer du bist, erfahren. Du kannst die Bewußtseinsstruktur kennenlernen, mit der dein individuelles menschliches Bewußtsein, das in Zusammenhang mit deinem Körper existiert, verbunden ist. Dazu mußt du jedoch anfangen, dich als mehr als dein physisches Leben zu erfahren. Wenn du beginnst, die Illusion der Getrenntheit loszulassen, kannst du dein Bewußtsein so erweitern, daß es deine persönliche Einheit mit all den Bewußtseinen umfaßt, die mit deinem verbunden sind. Und schließlich mit allem, was ist.

Sei dir jedoch darüber im klaren, daß es immer Realitäten geben wird, die jenseits deines Wissens liegen. Es gibt Bäume am anderen Ende des Gartens, die dein Wurzelsystem und deine Zweige nie berühren werden. Das heißt nicht, daß es sie nicht gibt. Sie liegen einfach jenseits des Wissens deines bewußten Denkens. Von Zeit zu Zeit bekommst du vielleicht eine Ahnung von diesen anderen Realitäten. Du liest vielleicht etwas darüber oder träumst davon oder bekommst in einer Drogenerfahrung einen kurzen Eindruck. Letztlich liegen sie jedoch jenseits deines bewußten Denkens, denn sie sind der Bewußtseinsstruktur, mit der du verbunden bist, sehr fern. Wir laden dich jedoch ein, die Wahrheit zu akzeptieren und dich damit vertraut zu machen, daß es einfach aufgrund der Natur der Realität bestimmte Wirklichkeiten gibt und immer geben wird, die deinem bewußten Denken nicht zugänglich sind. Zuerst mußt du deinen eigenen Baum erkennen. Dazu mußt du dich selbst kennenlernen, und aus diesem Wissen heraus kann dein Zweig blühen und Früchte tragen.

Kapitel 3

Jeder von uns ist eine Manifestation des Bewußtseins. Jeder von uns ist eine Spiegelung reiner Energie. Jeder von uns bringt eine Facette des göttlichen Potentials zum Ausdruck. Du bist ein Funken von Göttlichkeit, unter Bedingungen lebend, die gleichzeitig deine eigene Schöpfung und eine Spiegelung des göttlichen Potentials sind. In diese Umstände hereingekommen, bist du in Übereinstimmung mit anderen Funken der Göttlichkeit, die sich in diesen Gegebenheiten manifestieren. Jeder von uns hat bestimmte Bündnisse. Diese Bündnisse schaffen das Spiel, das wir zusammen spielen. Ohne das Bündnis aller an den Umständen beteiligten Bewußtseine wird nichts geschaffen. Das bedeutet, daß du der Puppenspieler bist. Du bist nicht die Marionette. Du hast alles gewählt, was in deiner Erfahrung stattfindet. Du hast die absolute Macht, deine Realität zu erschaffen. Du erschaffst ständig. Du erschaffst die Erfahrung deines Lebens. Du existierst auf vielen, vielen Ebenen, von denen die meisten deinem bewußten Denken normalerweise nicht zugänglich sind. Dein bewußtes Denken ist prinzipiell an die Realitäten deines täglichen Lebens gebunden. Seine Aufgabe ist es, das Überleben deines physischen Körpers zu sichern und deine tägliche Existenz zu regeln. In deinem Unterbewußtsein gibt es viele Muster, die das bewußte Denken in seinen täglichen Entscheidungen und in den Erfahrungen, die es für dich erschafft, bestimmen.

Du hast auch ein Überbewußtsein, das jenseits der allgemeinen Wahrnehmung des bewußten Denkens liegt. Es ist jedoch eigentlich das Überbewußtsein, das die Realitäten auswählt, die du erfährst. Das Überbewußtsein benutzt deine unterbewußten Muster, um das bewußte Denken zu leiten. Das Überbewußtsein ist deine Verbindung zu Gott. Wenn dein bewußtes Denken die unterbewußten Muster umgehen und sich direkt mit dem Überbewußtsein verbinden kann, erfährst du Gott direkt. Du kannst über die karmischen Muster und unterbewußten Entscheidungen hinausgehen. Du kannst direkt aus bewußter Wahrnehmung erschaffen, anstatt aus unterbewußten Mustern. Du hast die Möglichkeit, diese Verbindung herzustellen.

Die Muster im Unterbewußtsein hängen mit dem System der Dualität zusammen, das mit dem Konzept des Karma zu tun hat. Das Unterbewußtsein besteht von Leben zu Leben weiter. Das bewußte Denken stirbt mit jedem physischen Körper. Das Überbewußtsein exisitiert jenseits von Zeit, Raum und Form. Das Unterbewußtsein besteht aus einer Reihe von Verknüpfungen, von denen jede eine Sammlung von Erfahrungen während eines Erdenlebens darstellt. Diese Verknüpfungen bilden buchstäblich eine Kette, die dich an die Erde bindet. Das Unterbewußtsein selbst ist deine Schöpfung. Das kollektive Überbewußtsein, von dem dein eigenes Überbewußtsein ein Teil ist, hat das Unterbewußtsein als Werkzeug für das Experiment der Dualität auf dem Planeten Erde geschaffen. Jetzt ist es angebracht, dieses Werkzeug beiseitezulegen und sich vom

System von Gut und Böse abzuwenden. Du kannst jetzt dein Unterbewußtsein und die darin enthaltenen karmischen Muster transzendieren. Es ist jetzt angemessen, das zu tun.

Für viele von euch ist das jetzt unumgänglich, denn ihr habt in dem Abrücken von der Dualität eine wichtige Rolle zu spielen. Diejenigen von euch, die bei der Loslösung vom System von Gut und Böse eine Führerrolle zu spielen haben, müssen ihre eigenen karmischen Muster, die sie an die Illusion des Übels binden, transzendieren. Du bist nicht deine Muster. Du bist nicht dein Unterbewußtsein. Dein Unterbewußtsein ist ein Lager von alten Erfahrungen, die fortzusetzen dir nicht mehr dienlich ist.

Es ist Zeit, daß du dich direkt mit deinem Überbewußtsein verbindest und auf diese Weise das Übel in dir transzendierst.

Dein Bewußtseinszweig manifestiert sich in einem menschlichen Körper. Mit dem menschlichen Körper ist das menschliche Denken verbunden, und mit dem menschlichen Denken hängt jener Bewußtseinsaspekt zusammen, der Unterbewußtsein genannt wird. Dein Unterbewußtsein hat dir ermöglicht, am Experiment der Dualität teilzunehmen. Dieses Experiment war eine Spiegelung des Potentials der Istheit. Die Erde selbst hat an diesem Experiment teilgenommen. Das Bewußtsein, das sich als Planet Erde manifestiert, war Teil des Experiments der Dualität. Sie hat das, was Übel genannt wird, auch erfahren und ausgedrückt. Sie hat auch Zerstörung, Verfall und Tod erlebt. Der Mensch verwüstet immer weiter das Land, verschmutzt die Flüsse und zerstört die Atmosphäre, so daß Teile der Erde sterben.

Die Erde hat genug davon. Auch du hast auf einer bestimmten Ebene genug. Du befürchtest jedoch, nichts tun zu können, um die Entwicklung, die auf der Erde vor sich geht, in eine andere Richtung zu lenken.

Aber es gibt etwas, was du tun, was du beitragen kannst. Es gibt einen Impuls, einen Anstoß, den nur du geben kannst. Du bist Teil der Beendigung von Gut und Böse. Du bist Teil der Bewegung, die Freude und Feiern auf diesen Planeten bringen kann. Die Erde braucht eine große Veränderung — das Abrücken vom System der Dualität. Dieses Abrücken wird sich physisch durch die Verschiebung der Erdachse manifestieren. Diese Verschiebung braucht jedoch nicht den Untergang der Menschheit zu bedeuten. Sie kann ein freudiges Feiern der Ankunft eines Jahrtausends des Friedens sein. Die Verschiebung wird stattfinden. Die Auswirkungen davon und die Zerstörung können jedoch auf ein Minimum reduziert werden.

Wenn sich die Menschheit jedoch nicht innerhalb der nächsten zwanzig Jahre entscheidet, in ihrem eigenen Herzen und damit auch in ihrer eigenen Gesellschaft den Pol des Übels zu verlassen, dann wird es eine Katastrophe geben, die das Leben auf der Erde für alle beendet. Die Wahl liegt bei dir. Du bist zu dieser Zeit auf den Planeten gekommen, um an der Beendigung des Systems der Dualität mitzuwirken.

Viele von euch haben bemerkt, daß die Zeit scheinbar schneller geworden ist. Das heißt, es gab eine Zeit, da wurde ein Mann in eine bestimmte Tätigkeit hineingeboren; er schuf sich ein Zuhause und eine Familie, und seine Arbeit und seine Familie blieben dieselben, bis er starb. Das Leben ist nicht mehr so. Die Männer haben jetzt immer wieder andere Berufe, andere Wohnstätten und oft auch andere Familien. Auch die Frauen spielen viele verschiedene Rollen. Jeder kann anscheinend in der Spanne nur eines einzigen Lebens viele Lebenszeiten unterbringen. Wenn du auf dein eigenes Leben zurückblickst, wirst du das bemerken. Wie du früher warst, kommt deinem jetzigen Selbst vielleicht ganz fremd vor. Die Zeit ist schneller geworden. Du versuchst, in diesem Leben viele Aspekte deiner Vergangenheit zum Abschluß zu bringen. Es liegt eine Dringlichkeit in der Luft, die uns alle antreibt. Diese Dringlichkeit hängt mit der Verschiebung zusammen. Sie kommt aus deinem Inneren. Du hast altes Karma sehr rasch abgeschlossen. Du hast viele Ebenen der Bewußtheit durchschritten. Daß du dieses Buch liest, ist eine Bestätigung deiner Bewußtheit.

Zu Beginn des Lebens auf der Erde hast du viele Entscheidungen getroffen. Diese sind in sogenannten karmischen Mustern in deinem Unterbewußtsein eingeschlossen. Eine Entscheidung bringt die nächste hervor. Sie sind miteinander verwoben und bilden die Grundlage deiner Wahrnehmung und der Erschaffung deiner Realität. Früher haben diese Muster dich gefangengehalten. Sie haben dein Verhalten, deine Gedanken und die daraus folgenden Entscheidungen bestimmt. Du kannst dich aus diesen Mustern befreien. Du kannst das Unterbewußtsein umgehen und dich direkt mit dem Überbewußtsein verbinden. Das heißt, du kannst dich in deiner Erfahrung direkt mit dem, was du Gott nennst, in Verbindung setzen. So, wie in der Renaissance der Mensch sein Recht erklärte, ohne die Vermittlung durch einen Priester direkt mit Gott zu sprechen, so kannst du die Vermittlung durch dein Unterbewußtsein abschaffen und eine direkte Verbindung mit Gott herstellen. Das ist dein Recht. Es ist der Beginn einer neuen Renaissance.

Du bist ein Teil der neuen Renaissance. Du kannst neu geboren werden, zu deiner eigenen persönlichen Macht. Die Quelle dieser Macht ist deine Verbindung zur Istheit, zum Sein. Die Quelle aller Macht ist die Liebe und Güte Gottes. Du kannst deine Verbundenheit mit Gott entdecken, indem du dich wieder mit deinem eigenen Überbewußsein verbindest. Du verbindest dich dadurch mit allem Sein. Deine Bewußtheit erweitert sich. Du erinnerst dich wieder an deine Mission auf der Erde. Du hast in dem Abrücken von der Dualität, vom Experiment von Gut und Böse, eine Rolle zu spielen. Wir sind hier, um dir dabei zu helfen.

Um von deiner eigenen Bindung an deine karmischen Muster loszulassen, ist ständiges Bemühen erforderlich. Du hast dich lange mit deinen Mustern identifiziert. Das Ego denkt, das bist du. An deine karmischen Muster gebunden bist du wie ein Automat. Du bist vorhersehbar. Du kannst sogar selbst deine Reaktionen auf bestimmte Auslöser vorhersagen. Du weißt zum Beispiel, daß du, wenn dich jemand anschreit, den Kopf einziehst und in die Defensive gehst oder mit gleicher Aggression reagierst. Du hast für jede äußere Situation ein Reaktionsmuster, das auf Entscheidungen und unvollständigen Zyklen aus deiner Vergangenheit beruht. Diese Vergangenheit beschränkt sich vielleicht nicht nur auf dein jetziges Leben. Die meisten deiner Muster wurzeln in den Erfahrungen früherer Leben, die du dir auf der Erde geschaffen hast. Diese Muster können überwunden werden.

Mit Hilfe der im ersten Buch* erwähnten Techniken können karmische Muster durchbrochen werden. Du kannst sie jedoch auch dadurch überwinden, daß du bewußt eine direkte Verbindung mit deinem Überbewußtsein herstellst. Dein Überbewußtsein hat zusammen mit allen anderen Bewußtseinen das Experiment der Dualität erschaffen. Dein Überbewußtsein ist die Quelle deiner schöpferischen Energie. Das Unterbewußtsein hat die Energie des Überwußtseins dazu benutzt, Realitäten in Übereinstimmung mit seinen karmischen Mustern zu erschaffen. Die Muster brauchen dich nicht länger zu binden. Du kannst über sie hinausgehen.

Du kannst üben, dich direkt an dein Überbewußtsein anzuschließen und so die karmischen Entscheidungen zu umgehen, die die automatischen Muster in deinem Unterbewußtsein bilden. Dein Unterbewußtsein hat seinen Zweck erfüllt. Du kannst aufhören, dich mit diesen Mustern zu identifizieren, die du für dich gehal-

* Titel: *Aufruf an die Lichtarbeiter;* 1987 im ch. falk verlag erschienen

ten hast. Die Muster haben dir ermöglicht, das System der Dualität zu erleben. Du kannst sie jetzt, wo du übst, in deinem täglichen Leben näher an deine tatsächliche Wahrheit heranzukommen, hinter dir lassen. Du bist nicht deine Verhaltensmuster. Du bist auch nicht deine Gedanken, deine Gefühle oder dein Körper. Diese sind Teile von dir, die du geschaffen hast, um das Leben in einer menschlichen Form erfahren zu können. Du hast über Jahrhunderte linearer Zeit hinweg das Spiel des Menschseins gespielt.

Es wird für die Erde bald Zeit sein, von der Polarität von Gut und Böse abzurücken. Es ist Zeit, daß du persönlich anfängst, dich von deiner eigenen Erfahrung der Dualität zu entfernen. Es ist Zeit, daß du anfängst, den Himmel auf die Erde zu bringen, wirklich deine Verbundenheit mit allem Sein zu erfahren. Auf diese Weise, indem du dich persönlich von der Getrenntheit abwendest, wirst du zu der Bewußtseinsveränderung beitragen, die auf der Erde ansteht. Du hast eine Aufgabe in dieser Veränderung. Jeder von euch, der dieses Buch liest, hat gewählt, an der neuen Renaissance mitzuwirken. Jeder von euch ist zu dieser Zeit hier auf der Erde, um seine Brüder und Schwestern zu leiten, indem er sich selbst unter der Wolke von Gut und Böse hervor ans Licht der Wahrheit und der Freude führt. Dies ist eine Zeit des Feierns. Es ist die Zeit, für die du auf die Erde gekommen bist. Du hast jahrhundertelang geübt. Du hast alles gelernt, was man über das System der Dualität wissen kann. Du bist jetzt bereit, über dieses System hinauszugehen.

Kapitel 4

Du kannst deine persönliche Erfahrung der Dualität transzendieren, indem du erkennst, daß alles, was auf irgendeine Weise auf Getrenntheit beruht, nicht die Wahrheit ist. Du weißt, wann du Übel erfährst — sei es in deinen eigenen Gedanken oder Handlungen oder in den Worten und Taten der anderen. Du kannst es jedes Mal transzendieren, indem du dich daran erinnerst, daß es eine Illusion ist. Dies erfordert Übung und Disziplin, denn du hast dich lange mit den Mustern identifiziert, die auf Getrenntheit beruhen und Übel hervorbringen. Wir wiederholen, daß Übel nicht in sich selbst schlecht ist. Du bist nicht schlecht, weil du Gedanken hast oder Dinge tust, die auf Getrenntheit beruhen. Das System der Dualität wurde von uns allen als ein Experiment zur Erfahrung aller Möglichkeiten des Seins ersonnen. Übel ist nicht schlecht, es trifft nur nicht die Wahrheit. Wahrheit führt zu Freude, Zufriedenheit, Liebe und wahrem Leben. Das Leben ist als ein freudiges Feiern des Seins gedacht, und du kannst grenzenlose Freude erleben, wenn du die Wahrheit deiner Einheit mit allem Sein erfährst.

Wenn du dein eigenes Bewußtsein von der Illusion der Getrenntheit abwendest, kannst du das Bewußtsein des Planeten verändern. Getrenntheit zeigt sich in Gefühlen wie Neid, Eifersucht, Haß, Besitzenwollen und Wut. Diese Gefühle beruhen auf der Illusion, daß du etwas verlieren kannst — auf der Illusion, daß du etwas besitzt. Du *bist* alles. Du besitzt nichts. Du hast das Privileg, mit bestimmten Menschen, bestimmten Gegenständen und Orten deines täglichen Lebens in Beziehung zu sein. Diese Orte, Menschen oder Dinge sind Geschenke, die du dir selbst gemacht hast, um jene Facetten des Seins zu erfahren, die du in diesem Leben erfahren wolltest. Sie gehören dir nicht. Sie sind du. Du kannst nichts verlieren, was dir nicht gehört. Sie sind wie du Teil des Bewußtseinsstromes. William Blake, einer eurer mystischen Dichter, sagte den Menschen: „Küßt die Freude, wenn sie vorbeifliegt." Das ist die Erfahrung des Feierns des Stromes. Du bist Teil des Stromes. Wenn du versuchst, irgend etwas festzuhalten, sei es einen Menschen, einen Platz, einen Gegenstand, eine Arbeit oder einen Zustand, dann kämpfst du gegen den Strom der Wahrheit, denn du bist alles. Du kannst das, was du bist, nicht verlieren. Du kannst dich nur deiner eigenen wunderbaren Fülle erfreuen.

Jeder von euch ist ein Zweig an dem Baum eures eigenen Bewußtseins. Jeder von euch hat die Gelegenheit, die gesamte Struktur des Bewußtseins zu entdecken, zu dem er gehört. Wenn ihr euch selbst vollständig kennenlernt, habt ihr auch die Möglichkeit, anderen Bewußtseinen bei der Entdeckung ihrer selbst zu helfen. Ihr seid zu einer ganz einzigartigen Zeit auf der Erde. Ihr habt gewählt, zu dieser Zeit hier zu sein, um an der bevorstehenden Veränderung mitzuwirken. Ganz gleich, ob dein Beitrag groß oder relativ klein ist — du hast eine entscheidende Aufgabe zu erfüllen. Es ist deshalb unerläßlich, daß du diese eine Anweisung befolgst. Es ist vielleicht die schwerste Anweisung, die du je erhalten wirst. Und zugleich ist es die produktivste und zufriedenstellendste Erfahrung, die du je machen kannst, wenn du sie befolgst. Sie lautet: *Sei du selbst.*

Wenn wir wirklich wissen, wer wir sind, wenn wir wissen, daß wir nicht unser Ego oder unsere Gedanken und Gefühle sind, dann brauchen wir diese Anweisung nicht. Dann wüßte jeder auf der Erde, wer er in Wirklichkeit ist. Aber die Irdischen wissen nicht, wer sie sind. Deshalb wird diese Anweisung gegeben, und deshalb ist sie schwer zu befolgen.

Du bist ein Funken Gottes, der sich in physischer Form am Baum des Lebens manifestiert. Durch dein Überbewußtsein bist du mit allen Dingen verbunden, Gott eingeschlossen.

Kapitel 5

Als ihr vor vielen Jahrtausenden auf die Erde kamt, habt ihr eine Schwingung hinter euch gelassen, deren Frequenz in vielen Fällen höher war als die der dichten physischen Materie auf der Erde. Diese Frequenzveränderung war ein Schock für euch, und ihr habt sie als Verlust erlebt. Jedes Mal, wenn ihr in einen physischen Körper geboren werdet, erlebt ihr diesen dramatischen Verlust aufs neue. Und das Kind, das sich aus der physischen Verbindung mit der Mutter löst, verliert wieder das Gefühl von „Heimat". Oft empfindet ein Kind bei seiner Geburt auf irgendeine Weise ein Gefühl von Verstoßenwerden und Verlust. Oft ist mit dieser Erfahrung eine Entscheidung verknüpft, die auf die eine oder andere Weise als „Ich bin nicht in Ordnung" ausgelegt wird.

Das Kind hat das Gefühl, daß etwas mit ihm nicht in Ordnung ist, sonst wäre es nicht aus seinem warmen, sicheren Zuhause ausgestoßen worden. Diese Entscheidungen finden in den mechanistischen Strukturen des Unterbewußtseins statt. Das wahre Selbst, das Überbewußtsein, weiß, daß es sich diese Geburt, diese Eltern und diese Umstände ausgesucht hat. Das Überbewußtsein ist an seine eigene Verbindung mit der Quelle aller Schöpfung angeschlossen. Im musterbildenden System des Unterbewußtseins jedoch setzt sich die Entscheidung fest, daß mit dem Kind etwas nicht in Ordnung sein muß, und diese Entscheidung kann auf die eine oder andere Weise die folgenden Interaktionen des Individuums bestimmen. Das heißt, ein Baby, das unbewußt die Entscheidung trifft, daß es nicht in Ordnung ist, wird in seinem Leben aus einer defensiven Haltung heraus handeln. Es wird sich leicht angegriffen fühlen, denn es sieht jede Mißachtung und jede Kritik als ein Anzeichen dafür, daß seine ursprüngliche Entscheidung „Ich bin nicht in Ordnung" zutreffend war. Die Macht der bei der Geburt getroffenen Entscheidungen kommt daher, daß sie uns an den ursprünglichen Verlust der Verbindung mit Gott erinnern, der geschah, als das Individuum zum ersten Mal eine physische Inkarnation erlebte.

Rebirthing ist eine sehr nützliche Methode, um die Muster der bei der Geburt getroffenen Entscheidungen aufzulösen. Die wahre Macht dieser Entscheidungen liegt jedoch darin, daß sie ein Echo der ursprünglichen Verlusterfahrung sind. Dieser Verlust hat im Überbewußtsein niemals stattgefunden. Nur im Unterbewußtsein existiert die Illusion des Verlustes unserer Verbindung zu Gott. Rebirthing befaßt sich mit dem Unterbewußtsein. Es ist eine nützliche Technik und hat vielen Menschen geholfen, die im Unterbewußtsein verschlossenen Entscheidungen zu überwinden. Im Rebirthing-Prozeß, beim Wiedererleben der Geburt ins physische Leben, werden diese Entscheidungen oft aufgelöst. Der wahre Ursprung dieses Gefühls von Verstoßensein und Verlust liegt jedoch in der ursprünglichen Erfahrung der Trennung von Gott.

Jeden Tag hast du Gelegenheit, dich selbst mehr kennenzulernen, indem du die Menschen um dich herum verstehst und anerkennst. Die Menschen, die zu deinem täglichen Leben gehören, sind in ihrem Bewußtsein nicht immer eng mit deinem Bewußtseinszweig verbunden. Sie repräsentieren daher einen Bewußtseinszweig, der dir ein wenig neu ist. Deshalb geben sie dir die Möglichkeit, ein neues Potential des Seins wahrzunehmen, nämlich das in ihrem Bewußtseinszweig manifestierte. Jeden Tag begegnest du Menschen, die neue Standpunkte, neue Gedanken darstellen. Die Menschen neigen dazu, sich von allem, was außerhalb ihrer selbst zu sein scheint, bedroht zu fühlen. Neue Menschen mit neuen Standpunkten sind genauso Teil des Potentials wie du selbst. Sie repräsentieren einen anderen Ausdruck des Seins als du. Sie erfüllen eine bestimmte Funktion, genau wie du.

Du hast deinen Aufenthalt auf der Erde vor vielen Äonen begonnen. Du bist kein Eingeborener auf diesem Planeten. Du kommst aus einer anderen Dimension. Du kommst letztlich von Gott, vom Licht. Du bist Energie in dichter Form.

Jeder von euch hat viele, viele Erfahrungen als menschliches Wesen hinter sich. Du hast auch viele Erfahrungen in anderen Energieformen gemacht. Du bist noch immer relativ neu auf der Erde. Die Erde ist nicht deine ursprüngliche Heimat. Es gibt Zeiten, wo du das fühlst. Es gibt Zeiten, da fühlst du dich wie ein Besucher. Es gibt Zeiten, in denen du dich als Mensch nicht wohl fühlst. Dieses Unbehagen kommt davon, daß du andere Formen kennst, dein Selbst zum Ausdruck zu bringen. Das Leben auf der Erde war für viele von euch schwierig. Ihr seid vielleicht aus einer Dimension gekommen, die viel weniger dicht war als die Schwingung auf der Erde. Vielleicht fühlt ihr euch deshalb auf diesem Planeten schwer und unbeholfen. Ihr seid vielleicht direkt aus einer nicht-physischen Erfahrung auf die Erde gekommen. In diesem Falle ist euch die Erde sehr, sehr fremd, und die Menschen kommen euch schwer und tölpelhaft vor.

Jedes Gefühl, das du insgeheim über das Menschsein und über andere Menschen hattest, kam aus dem verborgenen Wissen, daß es noch andere Ausdrucksformen des Lebens gibt. Jedes Mal, wenn du dich als Mensch unbeholfen fühltest und nicht verstehen konntest, wie Menschen sich so verhalten können, oder wenn du verzweifelt darüber warst, wie Menschen miteinander umgehen, hast du die Menschen mit etwas anderem verglichen.

Die Erde ist der einzige Planet in dieser oder jeder anderen Dimension, auf dem es noch Dualität gibt. Es hat andere Planeten in anderen Dimensionen gegeben, die an einem ähnlichen Experiment teilgenommen haben, wie es auf der Erde stattfindet, einem Experiment von Gut und Böse, von Getrenntheit, von Verlust des Wissens, wer man wirklich ist. Du hast vielleicht an Erfahrungen in anderen Dimensionen teilgenommen, wo du auch unter den Auswirkungen des Übels littest. Oder vielleicht bist du aus einer Dimension gekommen, wo das Übel wirklich gar nicht existiert, wo die Realität auf der Wahrheit beruht, daß wir alle eins sind. Wir sind alle Energie, vereint im Bewußtsein, das ebenfalls Energie ist. Du bist dabei, dich dieser Wahrheit wieder zu entsinnen.

Irgendwo in dir weißt du, daß Getrenntheit nicht die Wahrheit ist. Irgendwo in dir sehnst du dich nach der Vereinigung mit deinem Selbst. Diese Sehnsucht nach Vereinigung ist die Ursache für viel Unglück und viele Mißverständnisse in menschlichen Beziehungen. Jeder von euch hat den natürlichen Wunsch nach Einheit. Ihr sehnt euch danach, euer Selbst als Gott zu erkennen. In einer Beziehung mit einem anderen Menschen kann dieses Gefühl der Einheit jedoch niemals vollkommen und von Dauer sein, da ihr letztlich nicht die Einheit mit einem anderen Menschen sucht. Die Vereinigung mit einem anderen Menschen scheint das Ende der Getrenntheit zu versprechen. Manchmal erlebt ihr es auch, und sei es nur für einen Augenblick oder für ein Jahr. Kaum habt ihr es jedoch erreicht, da haltet ihr es schon wieder für unecht, denkt, daß es nicht das ist, was ihr wirklich wolltet. Ihr seid enttäuscht und macht schließlich den anderen für diese Enttäuschung verantwortlich.

Was du suchst, ist die Einheit mit deinem Selbst. Es stimmt, daß deine Mitmenschen Aspekte und Spiegelbilder deiner selbst sind und daß du dein Selbst in der Einigkeit und Harmonie mit ihnen vollständiger erfahren kannst. Ein anderer Mensch kann jedoch nicht das Ende deiner Getrenntheit bedeuten. Du selbst bist die Quelle deiner Erfahrung des Einsseins mit allem, was ist. Eines der Probleme, die entstehen, wenn du dich mit einem anderen Menschen eins fühlst, ist, daß sich in dieser Einheit die beiden Egos verbinden und in Beziehung zum Rest der Gesellschaft als *ein* Ego auftreten. Das heißt, die beiden, die eins wurden, erfahren dann ihre Getrenntheit von den anderen um sie herum. Das Paar wird zu einer Einheit und manchmal auch zu einer Festung, und der Rest der Menschen in ihrem Leben wird ihnen fremder, und das Gefühl der Getrenntheit wird durch diese Illusion von Einheit mit einem anderen eigentlich noch verstärkt.

Du bist tatsächlich eins mit allem Leben. Du *bist* alles Leben. Um deine Einheit mit allem Sein zu spüren, mußt du deine Erfahrung dessen, wer du bist, erweitern. Wenn du sie so ausdehnst, daß sie einen anderen Menschen mit einschließt, dann ist das ein Schritt auf dem Weg dazu, dein Selbst als alles Sein zu erleben. Wenn du jedoch bei dieser Einheit mit einem anderen Menschen stehenbleibst, wirst du dein Ziel nicht erreichen. Du strebst nach dem Ende der Getrenntheit. Du strebst danach, dein Selbst zu erkennen. Gott ist nicht nur in deinem Herzen, du bist auch im Herzen Gottes. Gott ist alles, was ist. Du bist ein Aspekt Gottes, so wie alles andere und jeder andere Mensch. Gott hat sich, um sich selbst zu erfahren, in Milliarden von Formen aufgeteilt.

Die Einheit mit einem anderen Menschen kann den Anfang vom Ende des Getrenntseins bedeuten. Sie kann der Anfang des Einsseins mit allen anderen sein. Das hängt von dir und deinem Partner ab, davon, wie ihr eure Beziehung zum Ausdruck bringt. Eure Beziehung, eure Einheit kann ein Schritt auf dem Weg zur Einheit mit allem Leben sein oder eine neue Form der Isolation von allem Leben. Wenn ihr eure Beziehung dazu benutzt, euch weiter von euren Brüdern und Schwestern zu isolieren, dann werdet ihr sie beenden, weil es das nicht ist, was ihr in Wahrheit wollt. Ihr strebt nach der Einheit mit eurem Selbst. Die könnt ihr erfahren.

Beziehungen können ein Anfang dazu sein, und wenn sie es sind, dann gedeihen sie. Wenn nicht, dann zerstören sie sich selbst, es liegt an dir. Du kannst dich als eins mit allem Sein erleben. Dazu brauchst du keine Beziehung. Du brauchst deine Verbundenheit mit allen Dingen, um deine Einheit mit deinem Selbst zu erfahren. Eine Beziehung kann der Anfang dazu sein, sie ist jedoch kein Ziel in sich. Wenn du das wirklich lernst, können alle deine Beziehungen voller Freude sein, denn sie werden auf der Wahrheit beruhen.

Kapitel 6

Du hast das Spiel der Dualität vor langer, langer Zeit begonnen. Jedes Leben, das du auf der Erde verbracht hast, beruhte auf der Illusion der Getrenntheit. Jedes Mal wenn du in einem früheren Leben eine Entscheidung trafst, wurde diese mit dem Gewebe deiner karmischen Muster verwoben. Es ist jetzt Zeit, über diese Muster hinauszugehen.

Du kannst karmische Muster dadurch überwinden, daß du deinen Verbindungsweg zu Gott öffnest. Du hast ein Überbewußtsein. Das heißt, ein Teil deines bewußten Denkens kann sich an einen Aspekt von dir anschließen, der jenseits des bewußten Denkens liegt und deshalb enger mit dem verbunden ist, was du wirklich bist. Was du bist, geht weit über dein bewußtes Denken, dein tägliches Leben und deine Alltagsgedanken, Körperfunktionen und Emotionen hinaus. Du kannst verschiedene Methoden anwenden, um die karmischen Muster in deinem Unterbewußtsein zu durchbrechen. Viele von euch haben schon auf diesem Gebiet gearbeitet. Es ist sehr nützlich und befreiend, die karmischen Bande zu durchbrechen, und es stehen euch dafür viele Methoden und sogar Workshops oder Trainingsprogramme zur Verfügung. Es ist jedoch auch möglich, das Unterbewußtsein mit all seinen karmischen Mustern einfach zu transzendieren oder zu umgehen.

Aus den Mustern in deinem Unterbewußtsein heraus zu agieren, ist dir sehr vertraut, und du fühlst dich deshalb wohl dabei. Sie zu transzendieren, ist etwas beunruhigend und unbehaglich für dich. Wenn du anfängst, direkt mit deinem Überbewußtsein in Kontakt zu treten, ist dein Ego bedroht. Das Ego möchte dich getrennt halten. Es erhält dir dadurch das Gefühl, besonders und anders zu sein, und sein Überleben ist gesichert. Dein Ego hält dich auch an die Illusion gebunden, daß das, was du bist, auf deine physische Form begrenzt ist. Es ist das Ego, das man im Unterbewußtsein beheimatet sehen kann, das dich getrennt halten möchte. Daher ist es auch das Ego, das sich als besser als seine Brüder und Schwestern sieht, oder als weniger gut oder schlechter als sie. Unterschiede sind ein Zeichen von Trennung. Es ist dein Ego, das dich an diese Sichtweise bindet, daran, dich als anders als andere Formen des Bewußtseins zu sehen. Solange du anders bist — entweder besser oder schlechter als andere — bist du getrennt von ihnen.

Wenn du beginnst, deine Getrenntheit zu überwinden, wirst du viele Veränderungen durchmachen. Manche dieser Veränderungen erscheinen dir bedrohlich. Sie werden manchmal als der Tod des Ego bezeichnet. Sie können dir wirklich Angst machen. Das Ego ist bedroht und wird jede Angst mobil machen, die es finden kann, um dich vom Weg abzubringen und sein Überleben zu sichern. Du mußt Freundschaft mit ihm schließen, damit es dir beim Überwinden deiner karmischen Muster helfen kann.

Du kannst dein Ego zum Tee einladen. Du kannst dich mit dem Teil von dir anfreunden, der dich von der Wahrheit dessen, was du bist, trennen möchte. Du kannst dich hinsetzen und mit ihm plaudern. Frage dein Ego, was es von dir will. Frage es, was es braucht, um dich aus der Illusion entlassen zu können, daß es verantwortlich ist oder daß du auf irgendeine Weise deine Muster und früher getroffenen Entscheidungen bist. Dein Ego weiß, daß es Zeit ist, dich aus seinem Griff zu entlassen. Es protestiert vielleicht, aber mit der Zeit wird es dein Verbündeter werden. Du brauchst dein Ego nicht aufzugeben. Du kannst immer ein Ego haben, aber du kannst es deinem höheren Selbst unterstellen. Dein höheres Selbst ist der Schöpfer deines Ego. Dein Ego weiß das, und wenn du ihm die Möglichkeit gibst, seine Befürchtungen und Bedürfnisse auszudrücken, dann wird es bereit sein, als dein Verbündeter mit dir zusammenzuarbeiten.

Du hast gewählt, zu dieser Zeit auf die Erde zu kommen, um deine Brüder und Schwestern und auch dich selber aus der Erfahrung des Übels herauszuführen. Du hast die Fähigkeit, diese Mission zu erfüllen. Sie ist Teil eines Spieles, das wir alle vor langer Zeit geschaffen haben. Innerhalb des Spieles erscheint die Illusion der Getrenntheit und des Übels real. Getrenntheit ist die Quelle von Leid, Schmerz und Angst. Getrenntheit aber ist eine Illusion. Du bist ein Lichtarbeiter; du bist hier, um dir selbst und deinen Mitmenschen Licht und Freude zu bringen.

Um leichter und lichter — oder erleuchtet — zu werden, mußt du dich über die Erdenschwingung erheben. Viele von euch haben gemerkt, daß sie immer weniger ernsthaft werden, je weiter sie sich entwickeln.

Das heißt, ihr seid weniger in das Drama verwickelt, das ihr erschafft. Das ist ein Zeichen eures Wachstums. Es gibt viele Wege, um leichter und lichter zu werden. Gewicht zu verlieren, ist ein symbolischer Weg dazu. Sich weniger in sein eigenes Drama zu verwickeln, ist ein anderer. Auch wenn du bewußt übst, dein Leben mit Abstand zu betrachten, hilft dir das, leichter und lichter zu werden und dich von dem Drama deines alltäglichen Lebens zu distanzieren. Es gibt jedoch noch andere Wege, die dich deiner Erleuchtung näherbringen.

Viele religiöse Schulen zu allen Zeiten haben Mantras oder Gebete benutzt, um das bewußte Denken aus seinem Verhaftetsein am Schein des persönlichen Dramas herauszulösen. Durch die ständige Wiederholung einer Reihe von Tönen wird das bewußte Denken abgelenkt und läßt los. Du hältst es mit etwas beschäftigt und kannst dadurch deinem Selbst die Freiheit geben, neue Realitäten zu schaffen. Wenn du das bewußte Denken eine Tonfolge wiederholen läßt, kannst du es dadurch umgehen und transzendieren und direkt mit deinem Überbewußtsein kommunizieren. Auf diese Weise kann ein Mantra oder ein immer wiederholter Gesang dich soweit befreien, daß du aus deiner gewohnten Realität ausbrechen kannst. Als Beobachter deines eigenen Dramas gewinnst du eine neue Perspektive deines Lebens und deiner Interaktionen mit anderen. Du beginnst auch zu merken, wie sehr du im Netz deines täglichen Bewußtseins gefangen warst und wie sehr deine Brüder und Schwestern es noch sind.

Manche von euch haben gelegentlich Drogen benutzt, um über die Grenzen des bewußten Denkens hinauszukommen. Solche Erlebnisse sind jedoch von der Droge abhängig. Besser, wenn auch schwieriger, ist es, dich darin zu üben, *selbst* dein Alltagsbewußtsein zu transzendieren. Die Menschheit hat jahrhundertelang die eine oder andere Droge benutzt, um sich über das Alltagsbewußtsein zu erheben. Drogen fordern jedoch ihren Tribut vom Körper und vernebeln außerdem die innere Sicht. Drogen sind nicht schlecht, sie sind nur letztlich unwirksam, weil dein Überschreiten des bewußten Denkens dann von etwas Äußerem abhängt. Auf diese Weise kannst du nicht deine eigene Macht und Fähigkeit erfahren, deine mentalen Mechanismen zu übersteigen. Drogen sind dir aber vielleicht nützlich gewesen, um zu zeigen, daß es andere Wirklichkeiten gibt und daß du sie erfahren kannst. Um deine Mission auf der Erde zu erfüllen, mußt du jedoch deine eigene Fähigkeit entwickeln, dein bewußtes Denken zu übersteigen und dich von den karmischen Mustern des Unterbewußtseins zu befreien.

Es gibt noch weitere Techniken, mit deren Hilfe du vielleicht — wenn auch nur kurz — aus deinem bewußten Alltagsdenken ausbrechen konntest. Sportler erleben manchmal ein Transzendieren des bewußten Denkens. Jemand, der regelmäßig läuft, kann erleben, daß er aus dem bewußten Denken hinaus auf eine Bewußtseinsebene durchbricht, die jenseits seines Alltagsdenkens liegt. Jede zutiefst kreative Tätigkeit, wie Musik oder andere Künste, enthält die Möglichkeit, dich über dein bewußtes Denken hinauszuheben. Auch Formen physischer Aktivität, einschließlich der sexuellen Vereinigung, enthalten diese Möglichkeit. In solchen Augenblicken kannst du höchste Freude erleben. Du kannst erleben, daß du mehr bist als das Drama, das du dir erschaffst. Du kannst dein Selbst vollständiger erfahren. Solche Erlebnisse waren der Menschheit von alters her wertvoll. Schon immer hat der Mensch danach gestrebt, sein Alltagsbewußtsein zu übersteigen und sich selbst vollständiger kennenzulernen.

Es ist jetzt Zeit, daß jeder von euch die Fähigkeit entwickelt, sein eigenes Drama hinter sich zu lassen und sein Selbst jenseits der Geschichte, an der er teilnimmt, kennenzulernen. Ihr könnt das. Ihr könnt die Beobachter eurer eigenen Muster und der von euch geschaffenen Realität sein. Dieses Buch ist ein Schritt in diese Richtung. Wir freuen uns, daß du es liest.

Kapitel 7

Als du wähltest, das Spiel der Dualität auf dem Planeten Erde zu spielen, da hast du auch ein menschliches Bewußtsein gewählt. Das menschliche Mentalsystem besteht aus einem bewußten Teil, der dazu da ist, mit dem täglichen Leben umzugehen, und einem Unterbewußtsein, das von Leben zu Leben weiterbesteht und das der Überlebensmechanismus deines Ego ist. Das bewußte Denken ist der Überlebensmechanismus deines Körpers. Das Überbewußtsein ist deine Verbindung zu allem Sein. Für diesen ganzen Mechanismus kannst du die Verantwortung übernehmen. Er wurde von dir und uns allen ersonnen, um das Spiel der Dualität erleben zu können.

Alles Leben ist ein Spiel, das wir — alle zusammen — zu spielen wählten. Wir wählten, die Illusion der Getrenntheit zu erschaffen, um unser Selbst in anderen Formen zu erleben. Auf diese Weise konnten wir die Millionen potentieller Aspekte unserer selbst erfahren, die Millionen Facetten des Seins, das wir gleichzeitig sind und spiegeln.

Dein bewußtes Denken ermöglicht dir, mit der physischen Realität umzugehen. Es hilft dir, auf der normalen, alltäglichen Ebene zu überleben. Es erinnert dich zum Beispiel daran, wo du wohnst, so daß du jeden Tag nach Hause findest. Es ermöglicht dir, deine Arbeit, dein Konto und deine Beziehungen in diesem Leben zu handhaben. Es arbeitet und redet immerzu. Es erschafft unablässig Gedanken. Was jedoch häufig übersehen wird, ist, daß du — der, der du wirklich bist — ständig selber dein bewußtes Denken erschaffst. Du hast die Macht, jeden Gedanken zu erschaffen, den du möchtest. Die meisten Menschen üben jedoch bis jetzt diese Macht nicht aus.

Dein Unterbewußtsein sichert von einem Leben zum anderen das Überleben des Ego. Das Ego ist eine Erfindung, um die Illusion der Getrenntheit aufrechtzuerhalten. Du hast dich mit deinem Ego identifiziert, und dein Ego versucht, die Illusion dieser Identität aufrechtzuerhalten. Das Ego ist an die karmischen Muster in deinem Unterbewußtsein gebunden und identifiziert sich mit diesen Mustern. Du bist jedoch nicht dein Ego, du bist nicht die Ansammlung von Mustern und Entscheidungen in deinem Unterbewußtsein. Du enthältst sie und hast sie erschaffen, und du kannst sie überwinden. Du kannst diese Muster auch umgehen, indem du dein Unterbewußtsein beiseiteläßt.

Das bewußte Denken wird im allgemeinen mit Denkmustern aus dem Unterbewußtsein gespeist. Es ordnet die täglichen Gedanken nach diesen Mustern. Deshalb ist es normalerweise so, daß das Unterbewußtsein über das bewußte Denken bestimmt und die tägliche Realität erschafft. Das muß jedoch nicht so sein. Es ist möglich, die Verbindung mit dem Unterbewußtsein stillzulegen und sich an das Überbewußtsein anzuschließen. Auf diese Weise kann dein höheres Selbst deine Realität erschaffen. Dein Überbewußtsein, welches deine Verbindung zum höchsten Sein ist, kann direkt an dein bewußtes Denken angeschlossenen werden und so die

Grundlage deines täglichen Denkens und damit deiner täglich erschaffenen Realität sein. Du kannst das tun. Der Übergang ist etwas schwierig, weil das Ego um sein Überleben kämpft. Wenn der Übergang jedoch einmal geschafft ist, bist du im wesentlichen frei, dein wahres Selbst zu sein. Wir werden dich bei diesem Übergang leiten. Wir unterstützen dich darin, deine Realität aus der Wahrheit dessen heraus zu erschaffen, was du wirklich bist.

Wir auf dem Planeten Venus existieren in einer anderen Dimension als der der physischen Realität, die sich auf dem Planeten Erde manifestiert. Wir leben außerhalb der Zeit und außerhalb des Experiments von Gut und Böse, außerhalb der Dualität. Wir sind uns des Kampfes gegen das Übel bewußt, den ihr auf der Erde persönlich wie auch gesellschaftlich ausfechtet. Wir senden dir unsere Anerkennung und unser Lob, wenn du beginnst, dem Ego die Herrschaft über dein Leben aus der Hand zu nehmen.

Es gibt viele von uns in anderen Dimensionen, die an der Beendigung des Übels auf der Erde interessiert sind. Wir haben uns der Aufgabe gewidmet, das Übel auf der Erde zu beenden. Es ist *unser* Anliegen, genauso wie eures.

Du bist mit vielen anderen Bewußtseinen verbunden. Jedes Mal, wenn du deine Gedanken über die Getrenntheit, über Bewertung und über Dualismus hinaus erhebst, gibst du dem ganzen Bewußtsein einen Anstoß. Deine Gedanken sind schöpferisch. Jedem Gedanken, den du denkst, gibst du Energie. Wenn deine Energie klarer wird, kannst du einem Gedanken mehr Energie geben. Dieser Gedanke ist dann mächtiger, und du kannst ihn schneller in der physischen Realität manifestieren. Macht läßt sich unter anderem als die Geschwindigkeit definieren, mit der man seine Gedanken oder Absichten in physische Realität umsetzen kann. Der mächtigere Mensch bringt also schneller Ergebnisse in der physischen Realität hervor. Um mächtiger zu werden, muß ein Mensch klarer werden. Um klarer zu werden, mußt du deine karmischen Muster überwinden und direkt aus deinem Überbewußtsein heraus handeln anstatt aus den Mustern in deinem Unterbewußtsein.

Deine persönliche Macht, das heißt, deine Fähigkeit, in physischer Realität zu erschaffen, ist also direkt davon abhängig, wie gut du dein eigenes mentales System von Entscheidungen und deshalb Begrenzungen umgehen kannst. Wenn deine Energie direkt aus der Quelle aller Energie kommt, dann können sich deine Absichten viel schneller in physischer Realität manifestieren. Du hast eine direkte Verbindung zur Quelle aller Energie, aller Schöpfung. Du kannst dich an diese Quelle anschließen und sie benutzen, um Schönheit, Liebe, Gesundheit und Freude zu erschaffen. Wenn du versuchst, diese reine Energie für einen negativen oder egoistischen Zweck zu benutzen, wirst du damit Schwierigkeiten haben. Die Energie der Schöpfung ist rein, sie ist nicht mit dem Ego verbunden. Wenn diese Energie für egoistische Ziele benutzt wird, bleibt sie nicht erhalten.

Es ist das Ziel des Ego, zu seinem Ende zu kommen.

Führt man dem Ego Energie zu, so schlägt diese destruktive Handlung zurück und man bekommt die Wirkung zu spüren. Wenn man sein Ego „füttert“, ihm Energie gibt, so verstärkt das die Getrenntheit, und wahre Liebe wird vereitelt. Die Absicht deines wahren Selbst wird dadurch durchkreuzt, und es geht Macht verloren. Das Ego möchte zu seinem Ende kommen. Wenn ihm Energie zugeführt wird, dann schlägt es tatsächlich gegen die Person aus, die ihm die Energie gibt. Du kannst dem Ego bewußt Energie entziehen, indem du dich von der Getrenntheit abwendest. Das Ego weiß, daß es seine Mission erfüllt hat und jetzt zu seinem Ende kommen muß.

Du bist ein Zweig an einem Baum des Bewußtseins. Dieser Baum des Bewußtseins hat Aspekte im physischen Bereich und im Bereich des Unsichtbaren. Es gibt Meister und Führer, nicht-physische Energien, die ein Teil deines speziellen Bewußtseinsbaumes sind. Jedes Mal, wenn du deine Gedankenschwingung erhebst, hebst du die Schwingung des ganzen Baumes. Auf diese Weise kannst du jedes Mal, wenn du deine eigenen karmischen Muster umgehst und dich direkt mit deinem höheren Bewußtsein verbindest, zu vielen anderen Bewußtseinen etwas beitragen. Dein höheres Bewußtsein ist der höchste Teil deiner eigenen Schwingung.

Jedes Mal wenn du dein höheres Bewußtsein durch deinen menschlichen Körper wirken läßt, erhebst du das Bewußtsein aller Menschen und Dinge, mit denen du verbunden bist. Andernfalls wäre diese Fähigkeit ganz unnütz. Es hätte keinen Sinn, dein eigenes Bewußtsein zu erheben, wenn das im Leben der anderen keinen Unterschied machen würde. Es wäre eine angenehme Übung, verbunden mit angenehmen persönlichen Gefühlen, etwa so wie ein warmes Bad angenehme Gefühle hervorruft. Wenn du ein warmes Bad nimmst, hat das für deine Umgebung wenig Bedeutung. Damit dein Leben auf diesem Planeten eine Veränderung bewirkt, damit du den Anstoß geben kannst, für den du zu dieser Zeit hergekommen bist, mußt du das Leben der Menschen um dich herum in einer Weise berühren, daß sie sich von deiner Gegenwart in ihrem Leben und von deiner Gegenwart auf dem Planeten erhoben fühlen.

Jedes Mal, wenn du zum Beobachter deiner karmischen Muster wirst, anstatt sie dramatisch auszuagieren, hebst du das Bewußtsein deines ganzen Bewußtseinsbaumes ein wenig an. Jedes Mal, wenn du erkennst, daß du nicht deine Muster, nicht die in deinem Unterbewußtsein gelagerten mentalen Systeme bist, hebst du die Schwingung des Planeten an. Jedes Mal, wenn du dein eigenes Bewußtsein erhebst, breitet sich diese Schwingungsveränderung wellenartig durch alle Schwingung aus, die dein Bewußtsein berührt. Sie wirkt hinaus in das universelle Bewußtsein und verändert die Energie des Ganzen.

In der gleichen Weise sinkt die Schwingung des ganzen Bewußtseins, wenn du die karmischen Muster deines Unterbewußtseins ausagierst und aus der Getrenntheit heraus handelst. Jedes Mal, wenn du dich mit deinen Mustern identifizierst, stellst du effektiv eine Behauptung auf, nämlich die, daß du diese Muster bist.

Das heißt, du hast dich mit den Entscheidungen identifiziert, die du in zuvor geschaffenen Realitäten getroffen hast. In solchen Momenten identifizierst du dich nicht als Schöpfer deiner eigenen Realität. Du engst deine Selbsterfahrung ein, begrenzt deine Erfahrung und deinen Ausdruck dessen, was du bist. In solchen Zeiten verringerst du das Bewußtsein aller Wesen, mit denen du in Berührung kommst.

Es ist daher von enormer Wichtigkeit, wie du dich von Augenblick zu Augenblick entscheidest. Jedes Mal, wenn du deine Muster zu umgehen wählst, hebst du die Erfahrung der ganzen Menschheit von ihrer wahren Identität an. Jedes Mal, wenn du wählst, die Muster in deinem Unterbewußtsein auszuleben und dich damit zu identifizieren, senkst und begrenzt du alles Bewußtsein — du identifizierst dich als ein Ding, als eine Ansammlung von Entscheidungen, als ein besonderer Standpunkt. Du *hast* einen Standpunkt. Du *hast* karmische Muster. Du hast Millionen von Entscheidungen in deinem Unterbewußtsein gelagert. Doch nichts von alledem ist, was du *bist.* Diese Dinge sind an die Erfahrung der Getrenntheit gebunden. Du kannst lernen, sie zu überwinden. Es ist Zeit, sie zurückzulassen. Das, was du bist, ist viel größer als alle diese Entscheidungen.

Kapitel 8

Jeder von euch hat die Fähigkeit, sein Unterbewußtsein zu umgehen und sich direkt mit seinem Überbewußtsein zu verbinden. Jeder von euch hat die Fähigkeit und das Recht, direkt zu seinem göttlichen Selbst zu gehen und sein Leben von dieser Bewußtseinsebene aus zu leben.

Jedes Bewußtsein, das in menschlicher Form auf dem Planeten Erde existiert, kann sich dafür entscheiden, Gott zum Ausdruck zu bringen. Jeder von euch kann sich direkt an sein Überbewußtsein anschließen und die Muster umgehen, die euch an euer selbstgeschaffenes Karma gebunden haben. Karma ist euch nicht von außen auferlegt. Karma sind die Entscheidungen, die ihr euch selbst auferlegt habt. Diese Entscheidungen beruhten auf der Illusion der Dualität. Dualität ist nicht die Wahrheit. Du bist nicht von deinen Brüdern und Schwestern getrennt. Du bist eins mit ihnen. Das ist die Freude und die Möglichkeit, die du in jeder deiner Beziehungen verwirklichen kannst.

Jedes Mal, wenn du mit einem anderen Menschen in Beziehung trittst, hast du die Gelegenheit, dein Selbst zu lieben. Du hast die Gelegenheit, dein Selbst in dem anderen zu sehen und das Selbst, das du siehst, zu lieben. Jeder Mensch, dem du begegnest, ist ein Aspekt Gottes, ein Aspekt deines Selbst. Jedes Mal, wenn du den Schleier der Getrenntheit entfernst und in deinen Mitmenschen dein Selbst siehst, ehrst du den Gott in uns allen. Jedes Mal, wenn du aus deinen Gedanken und

Meinungen heraustrittst und in einem anderen das Licht Gottes siehst und ihn als eine Spiegelung der vielfacettigen Istheit liebst, feierst du das Leben, feierst du Gott, feierst du dein Selbst. Jedes Wesen, das sich in menschlicher Form manifestiert, bringt einen Aspekt des Seins zum Ausdruck. Jedes Wesen, ganz gleich wie fern seine Lebensumstände, seine Einstellung oder sein Aussehen dem zu sein scheinen, was du als dein Selbst kennst, bringt in Wirklichkeit einen Teil von dir zum Ausdruck. Die englische Redensart: "There, but for the grace of God, go I" (deutsch etwa: Da gehe ich, durch die Gnade Gottes) ist zutreffend. Denn es ist die Gnade Gottes, die es euch ermöglicht, einander zu sehen. Gottes Gnade in jedem von uns ist es, die uns die Illusion getrennter Form ermöglicht hat. Getrennte Formen ermöglichen uns, unser Selbst kennenzulernen, das Potential Gottes zu erfahren.

Jeder Mensch manifestiert andere Aspekte Gottes, aber er ist nicht getrennt von dir. Du manifestierst die Aspekte Gottes, die du in diesem Leben herausstellen möchtest. Jedes Mal, wenn du dich liebst und dich freundlich behandelst, für dich sorgst und dich respektierst, ehrst du Gott. Jedes Mal, wenn du ein anderes Wesen mit Freundlichkeit und Respekt behandelst, achtest du Gott. Du verehrst das Potential des Seins in uns allen. Gleichermaßen verringerst du jedes Mal die Herrlichkeit des Seins, wenn du jemand anderen oder dich selbst verurteilst oder es dir selbst oder anderen gegenüber an Mitgefühl und Verständnis fehlen läßt.

Du bist eine Manifestation des Seins, so wie alle

anderen Wesen und letztlich alle sichtbaren und unsichtbaren Dinge es sind. Wenn du dich selbst liebst, liebst du Gott. Wenn du andere liebst, liebst du Gott. Gott ist überall um dich her, in allen Dingen kannst du ihn lieben und hegen und pflegen. Dein Leben kann in jedem Augenblick eine Feier des Seins sein.

Du bist viel mehr, als du dir jemals vorstellen kannst. Du weißt nicht, wer du bist. Du bist nicht deine psychologische Identität, du bist nicht deine Geschichte, nicht dein Körper, nicht deine Gedanken oder Gefühle. Du bist viel, viel mehr als alle diese Dinge. In jedem Augenblick eines jeden Tages hast du die Gelegenheit, die Istheit in allen Dingen und Wesen um dich herum zu ehren. Deine physische Umgebung pfleglich zu behandeln, ist eine Art, die Istheit zu ehren. Jedes Mal, wenn du für deinen Körper sorgst, ehrst du den Gott in diesem Körper. Jedes Mal, wenn du einem anderen mit Liebe begegnest, gibst du die Erfahrung Gottes an Gott weiter. Du kannst dein Leben so leben, daß es eine Demonstration der Lebensfreude ist. Du kannst dein Leben zu einer Demonstration dafür machen, wie es ist, die Wahrheit dessen, was du bist, zu kennen und in dich aufgenommen zu haben. Dein Leben kann in jedem Augenblick eine Demonstration der Wahrheit sein. Du bist mit allem Bewußtsein verbunden. Die Ehre und Liebe, die du dir selbst oder jemand anderem erweist, wird vom Bewußtsein aller Wesen aufgesogen, die dein Bewußtsein berührt. Das geht weit über den physischen Bereich hinaus. Du kannst in jedem Augenblick deines Lebens die Ehre Gottes auf Erden verbreiten. Du brauchst nur zu wählen, dein Leben aus der Wahrheit heraus zu leben.

Jeder Augenblick des Lebens in physischer Form gibt dir Gelegenheit, Gottes Liebe und Macht in der physischen Realität sichtbar werden zu lassen. Du hast die Gelegenheit, Gottes Liebe und Gottes Licht auf diesem Planeten hervorzubringen. Du kannst helfen, das Bewußtsein der Welt zu erheben, indem du dein eigenes Bewußtsein erhebst und aus diesem erhobenen Bewußtsein heraus handelst.

Du bist ein Lichtträger. Du bist auf diesen Planeten gekommen, weil du gewählt hast, das Spiel der Beendigung der Dualität zu spielen. Es gibt viele, viele Wesen auf der Erde, die in ihre physischen Körper eingesperrt sind und keine Ahnung von der Wahrheit ihrer Existenz haben. Sie können nur von der Geburt bis zum Tode sehen. Sie sehen nur das, was man ihnen über Religion, Philosophie, Psychologie und über das Leben sagt. Sie denken nicht selbst und sind daher nicht in der Lage, bewußt zu wählen, das Leben ohne Übel oder Getrenntheit zu leben. Es gibt viel zu tun, sowohl auf der menschlichen als auch auf den astralen oder nichtphysischen Ebenen. Du bist hier, um an der Beendigung der Dualität mitzuwirken.

Jeden Tag hast du Gelegenheit, deine Realität zu erweitern. Jeden Tag kannst du dich selbst vollständiger kennenlernen. Jedes Mal, wenn du mit einem anderen Menschen zusammen bist, hast du Gelegenheit, diesen Menschen als Spiegelung der Istheit zu sehen. Du hast Gelegenheit, das Leben zu feiern, wie es in jedem Menschen, dem du während des Tages begegnest, manifestiert ist. Du bist ein multidimensionales Wesen, das eine physische Form in Zeit und Raum auf dem Planeten Erde manifestiert.

Du bist ein Lichtwesen, das ein Spiel spielt. Du hast das Spiel geschaffen, um dein eigenes Licht zu entdecken. Du hast Schatten und Dunkelheit geschaffen, um dein eigenes Licht erkennen zu können. Du hast mit deinem Selbst Verstecken gespielt. Deine Brüder und Schwestern haben mit dir Verstecken gespielt. Es ist jetzt Zeit, daß du dich darin übst, dein Licht nicht zu verbergen und das Licht in den Menschen und Dingen um dich herum zu finden. Die Erde nähert sich einer drastischen Veränderung. Es ist wichtig, daß du jetzt übst, damit du zur Zeit der Verschiebung bereit bist.

Als Vorbereitung auf die bevorstehende Verschiebung mußt du üben, über das hinauszuschauen, was an der Oberfläche erscheint. Wenn du in jedem Menschen, dem du begegnest, das Licht, die Vollkommenheit oder die Göttlichkeit entdecken kannst, so ist das ein Weg, das zu üben. In der Zukunft der Erde wird es Umstände geben, wo alles sehr dunkel erscheint, deshalb wird es sehr nützlich für dich sein, wenn du schon darin geübt bist, in jeder Handlung und jeder Situation auf dem Planeten das Licht und die Vollkommenheit zu sehen.

Das bedeutet nicht, daß alle Handlungen gut sind. Manche Handlungen sind das, was man als „böse" bezeichnet hat. Sie sind deshalb von Übel, weil sie auf Getrenntheit beruhen. Die Illusion der Getrenntheit ist als Realität angenommen worden. Deshalb lieben die Menschen ihren Nächsten nicht wie sich selbst, denn sie sehen nicht, daß sie und ihr Nächster eins sind. Es ist Zeit, zu üben, über die Illusion der Getrenntheit hinauszusehen. Du schaffst damit für dich und die Menschen um dich herum eine neue Realität, eine, die auf der Wahrheit beruht. Eine Realität, die auf der Wahrheit der Einheit aller Schöpfung beruht, bringt viel Freude. Du kannst diese Freude haben, und durch dich können es auch deine leidenden Brüder und Schwestern auf dem Planeten. Wir freuen uns über deinen Mut und deine Wahl, dein Leben aus der wahren Realität heraus zu leben.

Kapitel 9

In jedem Leben, das du gelebt hast, hast du alles, was dir geschehen ist, selbst gewählt. Wenn du jedoch in das Drama eines bestimmten Lebens verwickelt bist, erkennst du nicht, daß du dir die Ereignisse dieses Lebens gewählt hast. Du hattest zwei maßgebliche Gründe, dir gerade diese Ereignisse auszusuchen. Der erste ist das Karma. Das Karma verbleibt nach jedem Tod im Unterbewußtsein. Es ist das Karma, das dir den Eindruck vermittelt, daß du für jede Handlung, die du selbst für falsch hältst, bestraft werden mußt.

Der zweite Grund, weshalb ein Leben genau so gewählt wurde, wie es ist, ist der, daß das Überbewußtsein etwas lernt. Die Lektion, die gelernt wird, hat häufig mit den Umständen dieses bestimmten Lebens wenig zu tun. Alle Lebensumstände wurden von dir vor deinem Eintritt in ein bestimmtes Leben gewählt.

Auch die Menschen sind gegenwärtig, wenn du ein bestimmtes Leben planst. Diese Menschen, bzw. Wesen, treffen Vereinbarungen mit dir, um dir zu helfen, dein Ziel zu erreichen, und du triffst Vereinbarungen mit ihnen, um sie in ihren Vorhaben für dieses bestimmte Leben zu unterstützen. Manche von euch sind sehr sehr oft miteinander gereist. Andere sind eine Zeitlang in nicht-physischer Form gewesen. Die Vereinbarungen sind gegenseitig und dienen immer dem gegenseitigen Nutzen, ganz gleich, was für ein Drama an der Geschichte eines bestimmten Lebens hängt. Der Trick als Darsteller in dem Drama ist, immer der

Vollkommenheit aller Dinge zu vertrauen. Durch diese zuvor getroffenen Vereinbarungen hast du ein Gefühl des Wiedererkennens, wenn du jemandem begegnest, der in einem bestimmten Leben eine wichtige Rolle spielen wird.

Wenn man dann in dem Drama des Lebens ist, vergißt man, daß alles zu einem bestimmten Zwecke geplant wurde. Du vergißt, daß du, das Individuum, alles selbst gewählt hast. Du vergißt, daß jede Handlung eines anderen dir gegenüber die Gelegenheit bietet, eine Lektion zu lernen, die du dir für dieses bestimmte Leben vorgenommen hast. Es ist alles ein Spiel. Du spielst Verstecken mit deinem Selbst.

Du hast Gelegenheit, deine unterbewußten karmischen Muster zu überwinden, indem du dich bewußt daran erinnerst, daß du das kannst. Auch wenn du übst, daran zu denken, daß du nicht deine Muster oder vergangenen Entscheidungen bist, erlaubst du dir mehr und mehr, direkt mit deinem Überbewußtsein zu kommunizieren.

Schließe in deinen Tagesplan eine Zeit ein — fünf Minuten mögen genügen —, in der du dich durch Meditation mit deinen Lehrern und Führern in Verbindung setzt. Sie sind deine Verbindung zu deinem Überbewußtsein. Stelle ihnen Fragen bezüglich der Dinge, die du an diesem Tag vorhast. Frage sie, ob es noch etwas gibt, was du an diesem Tag tun könntest, um in deinem Wachstum voranzukommen. Frage sie, ob es irgendeine Botschaft oder einen Gedanken gibt, den du an diesem bestimmten Tag im Kopf behalten solltest. Wenn du wegen eines Treffens oder irgendeiner Aktivität, die du dir für diesen Tag vorgenommen hast, eine Frage hast, dann benutze diese Zeit, um deine Führer darüber zu befragen. Schreibe ihre Antworten auf. Wenn sie dir einen Gedanken für den Tag geben, dann schreibe ihn auf ein Stück Papier und trage es mit dir, so daß du ihn während des Tages immer wieder lesen kannst. Das ist eine hervorragende Methode, dir dein eigenes Überbewußtsein für dein Leben nutzbar zu machen. Sie erfordert nur ein paar Minuten täglich und kann dein Leben so unendlich viel vergnüglicher machen.

Du kannst mit deinen geistigen Führern in Verbindung treten — wie in einem früheren Buch gesagt wurde —, indem du dich einfach mit geschlossenen Augen bequem hinsetzt und dir vorstellst, in einem friedlichen Raum zu sitzen, in dem sich am anderen Ende eine Tür befindet. Dann bitte darum, daß einer deiner hohen geistigen Lehrer durch die Tür hereinkommen und mit dir sprechen möge. Du bekommst anfänglich vielleicht keine visuelle Vorstellung, oder dein visuelles Bild verändert sich im Laufe der Zeit, die du diese Technik anwendest. Das ist nicht wichtig. Es ist nur eine Erscheinung, die dazu dienen soll, daß du dich wohl fühlst, denn du bist es ja gewohnt, mit physischen Formen umzugehen.

Frage deinen Führer nach seinem oder — wenn es eine Frau ist — ihrem Namen. Sprich mit ihm oder ihr wie mit einem ganz normalen Lehrer in einem Körper. Er oder sie ist nicht besser als du. Sie sind genauso eine Spiegelung der Istheit, wie du es bist. Sie sind nichts

Höheres als du. Sie sind jedoch objektiver und nehmen ihre Verbundenheit mit allem Sein bewußter wahr. Deshalb können sie von dieser Objektivität aus mit dir über dein Leben sprechen, die einen Abstand von dem Drama hat, in das du dich häufig verwickelt fühlst. Du kannst deine Führer für jeden Aspekt deines Lebens zu Rate ziehen. Grundsätzlich sind sie jedoch an deinem spirituellen Wachstum interessiert und an deiner Heimkehr zu der Erfahrung dessen, wer du wirklich bist. Sie sind letztlich ein Teil deines eigenen höheren Bewußtseins. Sie sind eine Wurzel an dem Bewußtseinsbaum, mit dem dein Zweig verbunden ist. Auf diese Weise sind sie ein Teil von dir. Du bist nie allein. Sie sind immer bei dir.

Zusätzlich zu deinen eigenen geistigen Führern kannst du dich noch an andere Bewußtseine wenden, wenn du Lehrer für bestimmte Vorhaben oder Aspekte deines Lebens brauchst. Du kannst z.B., wenn du Lieder schreibst, einen Liedermacher bitten, zu kommen und dir zu helfen. Dieser kann tot oder lebendig sein. Wenn du Künstler bist, kannst du deinen Lieblingskünstler zu dir bitten und dein neuestes Projekt mit ihm besprechen. Wenn du Musiker bist, kannst du einen bestimmten Musiker bitten, zu kommen und durch dich zu spielen oder Kompositionstechnik mit dir zu besprechen und dich zu unterrichten. Du kannst so jeden Tag zu einer bestimmten Stunde eine Sitzung mit diesem bestimmten Lehrer vereinbaren und ein paar Minuten mit ihm oder ihr verbringen und dir von ihm oder ihr helfen lassen. Du kannst auf diese Weise in jedem

Bereich, in dem du dein Selbst zum Ausdruck bringst, sehr rasch vorankommen.

Schon immer haben Menschen die Führung von nicht-physischem Bewußtsein genutzt. Sie geschieht, während du schläfst und auch während des Tages. Regelmäßige Meditation, wie z.B. die, die sich Transzendentale Meditation nennt, ist unter anderem deshalb so nützlich, weil sie das bewußte Denken zur Ruhe bringt und ermöglicht, daß dir Führung aus deinem Überbewußtsein zufließt. Sie ist eine nützliche Methode, um das Unterbewußtsein zu umgehen.

Das bewußte Denken ist es gewohnt, aus dem Unterbewußtsein zu schöpfen, wenn eine Frage auftaucht, die über seine Reichweite hinausgeht. Das Unterbewußtsein läßt auch seine Muster direkt ins bewußte Denken hineinfließen, wenn es Ähnlichkeiten mit Situationen zu geben scheint, in denen Entscheidungen getroffen und im Unterbewußtsein gespeichert worden sind. Es ist daher notwendig, das bewußte Denken neu zu programmieren, so daß es sich ans Überbewußtsein wendet, anstatt automatisch Daten aus dem Unterbewußtsein zu verwenden. Deshalb schlagen wir dir diese Übung vor und raten dir, sie jeden Morgen, wenn du deinen Tag planst, zu benutzen. Du beginnst so, dein bewußtes Denken darin zu üben, dein Leben direkt aus der Wahrheit dessen heraus zu leben, was du bist.

Kapitel 10

Du hast das Leben als ein Teil allen Seins begonnen. Erst als du wähltest, dich von Gott zu trennen, um erleben zu können, wer du bist, wurdest du ein Individuum. Jetzt ist es für dich, das Individuum, Zeit, deine Erfahrung dessen, was du bist, zu erweitern. Du hast die Fähigkeit, zur Erfahrung deiner Verbundenheit mit allem Sein zurückzukehren und dennoch deine Individualität aufrechtzuerhalten. Du, als Gott, hast dich getrennt, um mehr Facetten des Seins kennenzulernen.

Mit deiner Wahl, Mensch zu sein, hast du auch das menschliche bewußte Denken gewählt. Das Bewußtsein hat die Aufgabe, das Experiment der Dualität, das auf der Erde gespielt wird, zum Abschluß zu bringen. Das menschliche Denken war Teil dieses Experiments. Es enthält die unterbewußten Muster. Diese Muster beruhen auf der Illusion der Getrenntheit und trennen dich daher von deinen Brüdern und Schwestern. Diese Muster sind im Begriff, sich abzuschließen. Das Lesen dieses Buches gehört zu dem Prozeß, mit dem die Muster in deinem Unterbewußtsein zu Ende gehen. Entscheidungen, die dich darin beschränken, dein Selbst zum Ausdruck zu bringen, oder die dich von deinen Brüdern und Schwestern trennen, indem sie dich die Andersartigkeit bewerten lassen, die du in ihnen siehst, bringen dich vom wahren Sinn des Lebens ab, davon, alles was ist, zu feiern und dich daran zu erfreuen.

Jedes Mal, wenn du dich über einen anderen Menschen freust, feierst du dich selbst. Jedes Mal, wenn du siehst, wie das Leben um dich her sich erfüllt, feierst du dich selbst. Jeder Atemzug gibt dir Gelegenheit, Leben in Gott hineinzuatmen. Du bist deine eigene Schöpfung. Das einzige Problem war nur, daß du aus den mechanischen Mustern in deinem Unterbewußtsein heraus erschaffen hast. Wenn du beginnst, dein Leben und deine Realität aus deinem Überbewußtsein heraus zu erschaffen, dann wirst du Gott auf der Erde manifestieren. Es ist wahr, daß alles eine Spiegelung Gottes ist. Alles ist eine Spiegelung des Seins. Jene Aspekte Gottes, die als deine karmischen Muster in deinem Unterbewußtsein gespeichert sind, sind jedoch starr. Sie wurzeln in einer nicht existenten Vergangenheit. Es sind statische Entscheidungen, die dem Fluß der Gegenwart nicht dienlich sind. Jedes Mal, wenn du diese Muster umgehen kannst, erschaffst du das Leben neu. Du manifestierst die Schöpferkraft, die du bist.

Ein anderer Weg, das Unterbewußtsein und seine Vergangenheitsmuster zu umgehen, ist dein Atem. Der Atem ist sowohl ein Symbol für den ständigen Fluß des Lebens zwischen allem Bewußtsein und eine symbolische Manifestation des Bewußtseins, das alles Leben auf der Erde verbindet, als auch lebenspendend, denn er erlaubt dir, auf eine Lebensentscheidung kinästhetisch zu reagieren anstatt mental. Die meisten deiner Gedanken beruhen auf Mustern aus der Vergangenheit. Wenn du deine Gedanken beobachtest, kannst du bemerken, daß sie sich immer wiederholen. Sie sind das Ergebnis von Mustern in deinem Unterbewußtsein. Wenn du, um eine Frage anzuschauen, deinen Atem zu Hilfe nimmst, dann kannst du eine Antwort aus deinem Körper bekommen.

Die Technik geht so: Du stellst dir eine Frage und atmest dann tief ein und notierst die Antwort, die auf deinem Atem schwebt. Auf diese Weise läßt du ein Bewußtsein auf deine Frage antworten, das weit über deine eigenen Denkmuster hinausreicht. Die Luft ist deine Verbindung zu allen Lebensformen. Du läßt dir so von allem Leben um dich herum bei der Beantwortung deiner Frage helfen. Auf jede deiner Fragen gibt es eine Antwort.

Wenn du deinen Atem benutzt, um die Antwort auf eine einfache Lebensfrage zu erfahren, dann läßt du eine Kraft antworten, die jenseits deiner karmischen Muster und der Bedürfnisse deines Unterbewußtseins liegt. Manchmal bekommst du vielleicht verschiedene Antworten. Und du brauchst vielleicht etwas Übung, um diese Technik ganz zu beherrschen. Dein Verstand wird deinem Körper noch eine Zeitlang widersprechen. Wenn du jedoch die Wahl hast, deinem Körper (deiner natürlichen kinästhetischen Reaktion) oder den mechanischen Reaktionen deines Verstandes zu glauben, dann mußt du wissen, daß dein Körper weniger von karmischen Mustern beeinflußt ist. Andererseits sind die karmischen Muster aber auch in deinen Körpergeweben gespeichert. Wenn es eine Diskrepanz gibt, dann vertraue deinem eigenen inneren Instinkt.

Wir nähern uns der Zeit auf der Erde, für die du hergekommen bist. Als du zum ersten Mal gewählt hast, Mensch zu sein, wußtest du, daß in der Geschichte des

Planeten eine Zeit kommen würde, wo jeder Mensch aufgerufen wäre, zu wählen, ob das Leben auf der Erde weitergehen soll oder nicht. Diese Zeit kommt jetzt rasch näher. Dies ist das Jahrhundert und der Beginn der Jahrzehnte, an denen teilzunehmen du auf die Erde kamst. Dies ist die Zeit der Beendigung der Dualität, der Beendigung des Übels.

Jeder Mensch wird während der nächsten zwanzig Jahre auf irgendeine Weise Gelegenheit haben, sich für das Leben oder für den Tod zu entscheiden. Du hast diese Wahl bei jedem Atemzug. Du hast sie sogar in deinen Träumen. Die Zeit kommt näher, auf die du hingearbeitet hast. Mit deiner ersten Entscheidung, zur Erde zu kommen, hast du auch ein menschliches Bewußtsein gewählt. Viele von euch waren sich nicht darüber im klaren, was das bedeutet. Sie wußten nicht, daß es auch heißt, ein Unterbewußtsein zu haben, das die Muster der Vergangenheit speichert und einen daran bindet. Es war jedoch eine Erfahrung, die ihr gewählt habt. Wenn du hier bist, um dem Bewußtsein der Menschheit einen Anstoß zu geben, dann mußtest du lernen, wie es ist, Mensch zu sein. Du wähltest, karmische Muster in dein individuelles menschliches Bewußtsein einzuprägen, die dir ermöglichen würden, zu leiden und Schmerz und Getrenntheit zu erfahren wie die Menschen, damit du sie verstehen könntest und wüßtest, wie du ihnen mitfühlend und wirksam dienen kannst.

Dies ist die Zeit, auf die du dich vorbereitet hast, die Zeit, für die du in allen menschlichen Erfahrungen geübt hast. Du bist zur Erde und in menschliche Form gekommen, um in vollem Umfange die menschliche Erfahrung kennenzulernen und sie anzuheben. Man könnte sagen, du bist hergekommen, um den Himmel auf die Erde zu bringen. Man könnte sagen, du bist Gottes Bote auf dem Planeten, hier, um Gottes Freude und Liebe zu bringen. Man könnte sagen, du bist mit der Mission hier, der Menschheit wieder das Feiern des Lebens zurückzugeben. All das ist zutreffend.

Deshalb ist es jetzt angemessen für dich, dein Verhaftetsein mit deinem Unterbewußtsein zu beenden. Du hast damit angefangen, aus den Mustern auszubrechen, die dich an alte karmische Entscheidungen binden. Jetzt ist es jedoch Zeit, dein bewußtes Denken darin zu üben, direkt aus deinem Überbewußtsein heraus zu wirken und alle Verbindungen zu Karma und den mechanistischen Mustern im Unterbewußtsein zu lösen. Das wird wirklich Gott auf die Erde bringen.

Dieses Buch soll dir dabei helfen. Von deiner Seite ist jedoch ständiges Bemühen erforderlich. Noch mehr als ständiges Bemühen brauchst du jedoch die Erlaubnis: Du mußt dir selbst die Erlaubnis geben, die Bande deiner menschlichen Vergangenheit loszulassen und zu wissen, daß du nicht mehr zu leiden brauchst. Du hast deine Lektionen gelernt. Du kannst jetzt mit den Menschen wie mit deinesgleichen umgehen, denn du bist in ihre Haut geschlüpft. Du kannst den Menschen mit Empathie und Mitgefühl begegnen und mit Verständnis für die Stärke ihrer Bindung an das Leid und an die Illusion der Getrenntheit. Du hast geübt. Jetzt ist es Zeit, zum

Handeln überzugehen und die Gaben hervorzuholen, die du mit zur Erde gebracht hast. Diese Gaben kommen durch deine Verbindung mit deinem höheren Bewußtsein und mit Gott. Es ist Zeit für dich, Gott auf der Erde zu manifestieren.

Wir sind hier, um dich an deine Mission zu erinnern. Wir sind hier, um dir den Mut zu geben, deine Bindung an die Muster, die dich mit dem Leid und dem Schmerz der Erde verbunden halten, abzubrechen und dir dabei zu helfen, deine Verbundenheit mit der himmlischen Freude wiederzugewinnen. Du kannst deine Mission auf Erden erfüllen. Jetzt kommt die Zeit, wo die Erde Gelegenheit hat, Einheit und Liebe zu wählen. Du gehörst zu denen, die diese Wahl verfügbar machen und es den Menschen ermöglichen, sich zu erlauben, den Himmel auf die Erde zu bringen.

Kapitel 11

Das Buch, das du gerade liest, wird durch das Überbewußtsein der Schreiberin auf die Erde übertragen. Viele Führer und Lehrer stehen dir zur Verfügung, die durch dein eigenes Überbewußtsein Gedanken übertragen. Sie sind Aspekte deines Überbewußtseins. Sie sind Wurzeln an deinem Bewußtseinsbaum. Durch dein Überbewußtsein hast du Zugang zu vielen nützlichen und erhebenden Informationen. Du kannst diese Aspekte deines Bewußtseins in deine bewußte, alltägliche Wahrnehmung hereinbringen. Dieser sogenannte höhere Aspekt deines Wesens ist der Wahrheit dessen, was du wirklich bist, näher, als es die Gedanken in deinem Alltagsbewußtsein sind. Er ist deiner eigenen Wahrheit viel näher als die Muster und Entscheidungen, die in deinen unterbewußten karmischen Strukturen eingeschlossen sind. Jene unterbewußten Strukturen begannen, als du menschliche Form annahmst. Die Aspekte deines Bewußtseins, die dir durch direkte Kommunikation mit deinem höheren Bewußtsein zur Verfügung stehen, sind schon immer — jenseits des Systems der Zeit — mit dir gewesen. Dein höheres Bewußtsein ist deine Verbindung zu deinem Selbst, das ein Aspekt der Istheit ist.

Du kannst diese höheren Aspekte deines Bewußtseins nutzen, um deine tägliche Realität zu ordnen, zu steuern und zu erschaffen. Die Gedanken und mechanischen Reaktionen, die du deinem Unterbewußtsein einprogrammiert hast, beruhen auf einer unvollständigen Sicht der Wahrheit. Wenn du im Drama des menschlichen Lebens verwickelt bist, vergißt du oft, fast immer, was in Wirklichkeit geschieht. Du vergißt, daß du jedes deiner Leben geplant hast. Du vergißt, daß du der Schöpfer jeder Realität bist, die du erlebst. Du bist der Schöpfer deiner Träume, deiner Gedanken, deiner Leidenschaften und der Welt, die du als real erfährst. Du hast dir ein Spiel geschaffen, und beim Spielen hast du vergessen, daß du dir alles einfach ausgedacht hast, um verschiedene Aspekte deines Selbst zu erfahren.

Die Aspekte deines Selbst, die du jedes Mal, wenn du ein neues Leben wählst, in die physische Realität bringst, sind Rollen, die du auf der Bühne des menschlichen Lebens erfahren wolltest. Seit Anbeginn hast du erforscht, wer du bist. Jedes Leben hat deine Erfahrung bereichert. Jedes Leben hat dir neue Einsichten und Perspektiven davon gegeben, was in menschlicher Form möglich ist. Seit du zum erstenmal wähltest, ein Mensch zu werden und dich auf diesem Planeten zu inkarnieren, hast du dich auf die jetzige Zeit in der Geschichte zubewegt.

Jedes Mal, wenn du dich an dein Überbewußtsein anschließt und aus der Falle, die du dir in den karmischen Strukturen deines Unterbewußtseins geschaffen hast, heraustrittst, kommst du der Erfahrung deiner wahren Identität ein wenig näher. Es ist nicht schwierig, dein Überbewußtsein statt der automatischen Reaktionen deines Unterbewußtseins zu benutzen, und es ist auch nicht unpassend oder verrückt oder würdelos, die

Programme in deinem Unterbewußtsein zu umgehen. Es mag dir anfänglich bedrohlich oder ungewöhnlich erscheinen, dein Leben aus deinem Überbewußtsein heraus zu leben. Das Ego fühlt sich durch seinen Verlust der Oberherrschaft sicherlich bedroht. Du kannst jedoch mit dem Ego Freundschaft schließen, und es kann auf deiner Selbstentdeckungsreise zu deinem Verbündeten werden.

Du hast auf diesem Planeten sehr viel zu sagen und zum Ausdruck zu bringen. Die Art und Weise, wie du das tust, mag sich sehr von der deiner Brüder und Schwestern unterscheiden. Auf jeden Fall aber bist du auf den Planeten gekommen, um die Wahrheit zu bringen. Du hast das karmische System geschaffen, um die Möglichkeiten des menschlichen Lebens vollständig erfahren zu können. Du wolltest sie erfahren, um dem Planeten deine Gaben mit Mitgefühl, Liebe und Verständnis bringen zu können.

Du bist nicht hergekommen, um endlos karmische Entscheidungen zu erschaffen oder dramatisch auszuleben. Das meinen die Yogis und die großen Weisen, wenn sie davon sprechen, das Rad von Tod und Wiedergeburt zu verlassen. Wenn du die direkte Verbindung zu deinem Überbewußtsein dauerhaft hergestellt hast, schneidest du das Band durch, das dich in dem endlosen Kreislauf des Wiedergeborenwerdens festhält. Dies ist deine Gelegenheit, von dem Rad abzusteigen. Auch die Yogis haben nichts anderes getan, als sich von ihrem Unterbewußtsein zu lösen und direkt aus der Wahrheit dessen heraus zu leben, was sie sind. Du kannst das gleiche tun. Dieses Buch ist dazu da, dich an etwas zu erinnern, was du schon weißt. Du hast die freie Wahl zwischen den Leiden vergangener Programmierungen und der Freude zu feiern, wer du wirklich bist.

Jedes Mal, wenn du das Unterbewußtsein umgehst und direkt aus deinem Überbewußtsein heraus handelst, bringst du das Licht Gottes auf die Erde. Dazu bist du auf diesen Planeten gekommen. Jedes Mal, wenn du die Mechanismen deiner eigenen karmischen Muster vermeidest, bringst du mehr von dem, was du wirklich bist, auf diese Ebene physischer Realität. Jedes Mal, wenn du direkt aus deinem höheren Bewußtsein heraus handeln kannst, schwächst du die Macht des Egos über dein wahres Selbst. Es ist ein Übungsprogramm: Du kannst in jeder Lebenssituation deine automatischen Reaktionen überprüfen und sehen, was in der Situation wirklich erforderlich ist. Du kannst die Verantwortung für die Realität übernehmen, die du erschaffst.

Es gibt viele Wege, um die programmierten Reaktionen deines Unterbewußtseins zu vermeiden. Meditation ist ein Weg, wie du das Unterbewußtsein zur Ruhe bringen kannst, damit dein höheres Bewußtsein, deine Führer und Lehrer, die Aspekte deines eigenen Überbewußtseins sind, zu dir sprechen können. Es gibt auch andere Weisen, in denen du dich üben kannst.

Der leichteste Weg ist, in Kontakt mit deinen persönlichen Führern und Lehrern zu treten. Das kann durch eine einfache meditative Visualisierungsübung geschehen, wie wir sie an anderer Stelle beschrieben haben. Du kannst auch deinen Atem zu Hilfe nehmen. Das Wichtigste aber ist, zu erkennen, daß du die Fähigkeit und die Erlaubnis hast, die Muster zu umgehen und dich direkt auf jene Aspekte deines Selbst zu beziehen, die jenseits dieser Muster liegen. Dann kannst du üben, zu horchen und die Wahrheit der Dinge jenseits ihres Anscheins zu sehen. Dann kannst du beginnen, mit deinen Führern zu sprechen und direkte Eingebungen aus deinem eigenen höheren Bewußtsein zu empfangen.

Du kannst auch deinen Atem benutzen, um in Kontakt mit deiner inneren Wahrheit zu kommen. Du kannst das üben, indem du dich still an einen ungestörten Ort setzt, deinen Führern Fragen stellst und auf die Antworten horchst. Wenn du einmal Vertrauen zu den Antworten gewonnen hast, die du erhältst, kannst du diese Technik überall anwenden.

Atme einfach tief ein und stelle dir die Frage, die du beantwortet haben möchtest. Dann höre die Antwort — oder spüre sie sogar. Wenn du merkst, daß du dich in einem programmierten Verhaltensmuster verfangen hast, dann benutze deinen Atem, um dein Selbst zu fragen, was wirklich geschieht. Das Wichtigste ist jedoch wiederum, zu erkennen, daß du nicht deine Muster bist und daß die Situationen, in denen du dich verfängst, überwunden werden können — daß du aus deinem freien Willen anstatt aus alten, in deinem Unterbewußtsein gespeicherten Entscheidungen heraus handeln kannst. Bald wirst du in der Lage sein, diese Technik in jeder Situation anzuwenden. Du mußt jedoch wach genug sein, zu erkennen, wann du dir diese Frage stellen solltest. Deine programmierten Reaktionen sehen so aus, als seien sie du selbst. Sie sind es aber nicht.

Ein Beispiel: Wenn du immer nervös wirst, wenn du vor einer großen Menschengruppe sprechen sollst, dann atme einfach, wenn du diese von dir als Angst bezeichnete Energie in deinem Körper aufsteigen spürst, ein paarmal tief durch und frage dich, wovor du in Wirklichkeit Angst hast. Du siehst dann vielleicht eine Szene oder ein Bild aus einem sogenannten früheren Leben vor dir. Wenn das der Fall ist, dann atme wieder tief durch und frage dich, welche Entscheidung du jetzt loslassen kannst. Frage dich dann nach deiner wirklichen Absicht, nach dem, was du wirklich damit bezweckst, vor dieser bestimmten Gruppe zu sprechen. Höre die Antwort und handle danach. Um das tun zu können, mußt du dir selbst vertrauen und wissen, daß du merken wirst, ob die Antwort aus einem höheren Teil deines Selbst kommt als die Angst. Auf diese Weise beginnst du, die Angst loszulassen. Es kann sein, daß eine bestimmte Situation mit vielen, vielen Entscheidungen verwoben ist, so daß du dich beim nächsten Mal, wenn du vor einer Gruppe sprechen sollst und anfängst, nervös zu werden, wieder fragen kannst, welche Entscheidung dieser Angst zugrunde liegt. Die Entscheidungen können mit deinem gegenwärtigen oder einem früheren Leben zusammenhängen, das spielt keine Rolle. Wende die Methode so lange an, bis du ohne Angst vor einer großen Gruppe sprechen kannst.

Angst ist ein Gefühl, daß auf der Illusion der Getrenntheit beruht. Es mag dir vielleicht so vorkommen, als ob Angst in manchen Umständen ein positives

Gefühl sei. Das, was dich von bestimmten physischen Gefahren fernhält, wie zum Beispiel zu nahe am Rande eines Abgrundes entlangzugehen, wird manchmal als Angst wahrgenommen. Du brauchst jedoch kein Angstgefühl, um deinen physischen Körper zu schützen. Du kannst jede Situation einfach einschätzen und der jeweiligen Realität gemäß handeln. Wenn du in physischer Realität am Rande eines möglichen Absturzes entlangläufst, dann heißt das einfach, das du achtlos mit dem Körper umgehst, der dir gegeben wurde und in dem du dich zu manifestieren gewählt hast.

Anstatt aus Angst vor Krankheit nicht zu rauchen, wäre es besser, das aus der realistischen Einschätzung des Schadens heraus nicht zu tun, den das Rauchen dem einzigen Körper zufügen kann, in dem du zu dieser Zeit das Leben erfahren kannst. Angst ist nicht nötig. Angst wird nicht gebraucht, um das Leben auf der Erde fortzuführen. Angst ist tatsächlich ein Hindernis für den Ausdruck dessen, was du bist. Jedes Mal, wenn du Angst empfindest, weißt du also, daß du es mit Mustern aus deinem Unterbewußtsein zu tun hast. Dies ist eine sehr gute Weise, dich darin zu üben, die Muster zu überwinden, die dich an das Rad von Tod und Wiedergeburt innerhalb des sogenannten karmischen Systems gefesselt halten.

Kapitel 12

Jeden Tag hast du Gelegenheit, vom Rad des Karma abzusteigen. Jeden Tag hast du Gelegenheit, dein Unterbewußtsein zu umgehen und dich direkt auf dein Überbewußtsein einzustimmen. Es braucht Übung, das vollkommen zu erlernen. Du kannst dich darin üben, *der Beobachter* deines Unterbewußtseins zu sein, anstatt derjenige, der die Muster und Entscheidungen auslebt. Du kannst dich von der Vergangenheit losmachen. Du kannst Freude, Licht und Überfluß auf der Erde hervorbringen. Dazu bist du hergekommen. Du hast alles gelernt, was es über Macht, Liebe, Haß und Beziehungen — über das Menschsein — zu lernen gibt. Jetzt kannst du zu demjenigen werden, der der Erde Liebe und Licht bringt.

Du kannst dich darin üben, auf dein Überbewußtsein zu hören, auf die höheren Aspekte deiner selbst, die als Lehrer oder geistige Führer bezeichnet werden. Setze dich einfach nach dem Aufwachen am Morgen eine Weile hin und stelle dir vor, daß du in einem Raum gegenüber einer Tür sitzt. Bitte deine Führer, durch diese Tür hereinzukommen. Sieh, wie die Tür sich öffnet. Sieh deine Führer hereinkommen und frage sie, ob sie irgendeine Botschaft für dich haben. Höre die Botschaften. Stelle Fragen, wenn du etwas wissen willst. Höre ihre Antworten. Frage deine Führer, ob du irgend etwas für sie tun kannst, und tue es. Durch diese tägliche Übung beginnst du dich für ihre Informationen zu öffnen — für deine eigenen Informationen, die sie ausdrücken.

Dies ist die Zeit, auf die ihr alle gewartet habt. Jeden Tag kannst du dich den ganzen Tag lang darin üben, Beobachter der Muster in deinem Unterbewußtsein zu sein. Wenn du merkst, daß du dich in einer Situation verfängst, daß negative Gefühle in dir hochkommen oder du dich auf irgendeine Weise von der Freude und Feierstimmung entfernst, dann halte einfach eine Minute lang inne, atme zweimal tief durch und stelle dir die Frage: „Was will ich *wirklich?*" und höre dann die Antwort, die mit deinem Atem hereinfließt. Jedes Mal, wenn du dich aus den Umständen mit ihrer scheinbaren elektrischen Ladung und ihrer Bindung an die Vergangenheit erheben kannst, erlaube dir einfach, zu atmen und — wenn auch nur innerlich — einen Schritt zurückzutreten. Dann frage deine Führer — dein Selbst, was du wirklich willst, und höre die Antwort.

Dieses Buch ist euch allen gegeben worden, um euch daran zu erinnern, wer ihr in Wahrheit seid. Ihr braucht keine Angst zu haben. Das Leben — alles Leben — bewegt sich nach Gottes vollkommenem Plan voran. Wir alle haben jedes Stadium des Experiments in Dualität geplant. Du weißt, daß es vorausbestimmt ist, daß die Dualität in diesem Jahrhundert in sich selbst zusammenfällt.

In den letzten zwanzig Jahren haben viele Gruppenbewegungen ihren Anfang genommen. Diese Gruppen haben Menschen wie dir geholfen, rascher voranzukommen, als es die Menschen früher konnten. Du bist Teil des Neuen Zeitalters. Es ist ein neues Zeitalter, weil die Menschen in eine neue Art, ihre Wirklichkeit zu erfahren und zum Ausdruck zu bringen, hineinwachsen. Es ist ein neues Zeitalter, weil sich alte Vorstellungen von der Realität verändern.

Du hast das Potential, ein „hybrider Geist" zu werden. Das will heißen, daß du die Möglichkeit hast, dein Unterbewußtsein zu umgehen und direkt in dein eigenes höheres Bewußtsein hineinzureichen und den wahreren Aspekt deines Selbst auf Erden zu manifestieren. Du kannst Gott und Liebe und Freude in dein eigenes Leben bringen, und in die Leben aller Menschen um dich herum ebenso.

Du hast dem Planeten viel zu geben. Deshalb bekamst du Gelegenheit, zur Erde zu kommen. Du hast dich entschieden, diese Gelegenheit zu ergreifen. Nun bist du hier, und du hast gelernt, was für dein Hiersein zu lernen war. Alle Menschen haben gelernt, was sie innerhalb des Systems der Dualität lernen sollten. Jetzt ist es Zeit, das Unterbewußtsein über Bord zu werfen und wieder den Himmel auf die Erde zu bringen. Du bist ein Teil dieses Planes. Du hast dieses Spiel gewählt, bevor die Zeit begann.

Um diesen Punkt in der Geschichte der Erde zu erreichen, bist du durch ein Leben nach dem anderen gegangen. Du hast an der Erfahrung des menschlichen Seins innerhalb des Systems der Dualität teilgenommen. Es ist jetzt Zeit, daß du deine persönliche Erfahrung des Systems beendest, das Übel erfordert, um das Gute oder Gott zu kennen. Es ist wahr, daß alle Handlungen und Manifestationen in dieser und jeder anderen Realität Ausdrucksformen der Istheit sind. Gott ist überall. Gott ist alles. Alle Gedanken sind Ausdruck des vollkommenen Bewußtseins, das das umschließt, was die Menschen Gott nennen. Du und alle deine Gedanken und Taten sind ein Ausdruck und eine Spiegelung des vollkommenen Seins. Es *ist*. *Das* ist Gott.

Die Zeit ist jedoch gekommen, wo wir einen Teil unserer gemeinsamen Schöpfung zu seinem Abschluß kommen lassen können. Dieser Teil der von der Menschheit geschaffenen Erfahrung ist das, was psychologisch als Unterbewußtsein bezeichnet wird. Durch deine Entscheidungen in deinen menschlichen Leben — dein jetziges eingeschlossen — hast du selbst dein Unterbewußtsein geschaffen. Auch das allgemeine Konzept des Unterbewußtseins hast du selbst geschaffen. Es ist deshalb angemessen für dich, am Abschluß dieses Aspektes unserer gemeinsamen Schöpfung teilzunehmen.

Dich selbst aus deinen karmischen Mustern und dem mechanischen System der unterbewußt gespeicherten Entscheidungen zu entlassen, braucht Übung. Es ist jedoch nicht so schwierig, wie es vielleicht aussieht. Das Unterbewußtsein ist, obwohl es mit allen deinen menschlichen Erfahrungen zusammenhängt, ein relativ neues Anhängsel an deine gesamte Erfahrung als individuelles Bewußtsein. Du hast, wenn man innerhalb der Illusion der Zeit sprechen will, als dein wahres Selbst schon lange existiert, bevor du ein Unterbewußtsein annahmst, um deine Erfahrung in dem Experiment der Dualität auf der Erde zu systematisieren.

Du kannst dich aus diesem System lösen. Viele große Weise, die dir in menschlicher Form vorangegangen sind, haben das getan. Die besten unter ihnen sind die Begründer der Weltreligionen. Jeder der großen Avatare löste sich von seinem Unterbewußtsein lange, bevor er zu dem großen religiösen bzw. spirituellen Führer wurde, der er dann war. Sie kamen, um euch den Weg zu zeigen, um euch zu zeigen, was möglich ist. Ihr Leben und ihre Lehren waren die Demonstration eines Lebens aus der Wahrheit dessen, was ihr wirklich seid. Sie werden jetzt von vielen ihrer Anhänger für Götter gehalten. Sie waren und sind Götter. Du bist auch ein Gott. Der Unterschied zwischen ihnen und dir ist, daß sie ihre Göttlichkeit auf Erden manifestierten. Sie lösten sich aus der Illusion des Karma, befreiten sich von dem Gewicht, das die Menschen an die Vergangenheit und vergangene Entscheidungen bindet. Sie sind Demonstrationen hybrider Geister. Sie sind diejenigen, die zeigten, wie das Leben und die Menschheit sein können, wenn man sich von seinem Unterbewußtsein freimacht. Sie sind letztendlich nicht anders als du. Auch du kannst in diesem Leben dein ganzes Mitgefühl, deine ganze Liebe, dein ganzes Sein auf Erden zum Ausdruck bringen, so wie sie es in ihrem Leben getan haben. Diese Erde kann wirklich geheilt werden. Diese Erde kann wieder, wie in den ganz alten Tagen, von Göttern bewohnt sein.

Du bist eine Spiegelung Gottes, so wie alle Avatare es waren. Sie sind im wesentlichen nicht anders als du. Sie kennen nur die Wahrheit, und sie hatten den Mut und die Liebe, sie zu leben. Du kannst das auch. Jeder Avatar kam, um ein Beispiel zu geben. Jeder sagte seinen Anhängern, daß sie das, was er konnte, auch könnten, daß sie so sein könnten wie er. Sie haben die Wahrheit gesprochen. Sie kamen, um euch zu zeigen, wie man die Manifestation Gottes auf der Erde sein kann.

Einige Methoden oder Sinnbilder der historischen Avatare mögen diesem Jahrhundert nicht mehr angemessen sein. Es ist jedoch die Essenz ihrer Lehren, die man sich zum Beispiel nehmen muß, um sein Leben losgelöst von den unterbewußten Mustern zu leben und sein höheres oder Überbewußtsein zu manifestieren. Auch du kannst dich darin üben, dein Unterbewußtsein zu umgehen, genauso wie die Avatare es getan haben.

Du bist ein Zweig am Baum des Bewußtseins. Du hast deinen Platz in dem Ganzen. Du bist ein Vertreter des Neuen Zeitalters. Du wirst in diesem Leben viel tun, um dem Planeten Erde zu dienen. Dazu bist du hergekommen. Wie du das tust, liegt in deinem persönlichen Ermessen. Du wirst auf die Bedürfnisse deiner Umgebung entsprechend deinen Talenten und Fähigkeiten und bevorzugten Aktivitäten antworten. Du wirst deine eigene Art des Beitrags finden. Die Form ist nicht wichtig. Wichtig ist, die Menschen zu erreichen. Du bist gekommen, um dein Licht und deine Liebe auf die Erde zu bringen. Du kannst das auf viele verschiedene Weisen tun. Die Form ist nicht wichtig. Dein Beitrag besteht darin, dein Selbst auf diese Existenzebene zu bringen. Am wirksamsten kannst du das tun, indem du dein

Unterbewußtsein abtrennst und deine Muster und mechanischen Reaktionen hinter dir läßt.

Indem du dein höheres Selbst wieder auf die Erde bringst, hebst du die Schwingung aller Dinge und Wesen um dich her an.

Kapitel 13

Du bist ein Zweig am Baum des Bewußtseins. Du bist mit dem Ganzen verbunden. Wenn du deine Bindung an das Gewicht deines Unterbewußtseins löst und dich direkt mit deinem höheren Bewußtsein verbindest, hebst du die Schwingung des gesamten Bewußtseins an. Deshalb hat Meditation eine Wirkung. Wenn viele Menschen in einer Gegend oder einer Stadt meditieren, nehmen erwiesenermaßen die Verstöße sowohl gegen Einzelne als auch gegen die Gruppe oder die Gesellschaft ab. Durch das Anheben ihres eigenen Bewußtseins erheben die Meditierenden das Bewußtsein des Ganzen. Ebenso hebt der Weise, der in der Einsamkeit eines Berggipfels meditiert, durch die Erhebung seines eigenen Bewußtseins das Bewußtsein des Planeten. Wenn du dein eigenes Bewußtsein erhebst, übst du eine Wirkung auf deine ganze Realität aus. Dein Leben wird leichter, weil das Leben um dich herum leichter wird. Auch das Leben in dir, deine innere Erfahrung des Menschseins, wird leichter.

Du bist auf diesen Planeten gekommen, um dem Bewußtsein einen Anstoß zu geben. Du bist gekommen, um deine Liebe, deine Weisheit und dein Licht beizusteuern. Wir gratulieren dir zu dieser Wahl. Du bist jetzt erneut vor die Wahl gestellt. Der Planet Erde nähert sich rasch seiner kritischen Zeit. Es ist jetzt Zeit, dein Bewußtsein aus dem Gewebe karmischer Muster zu lösen, die dich daran gehindert haben, deine wahre

Herrlichkeit zu erleben. Jetzt ist es Zeit für dich, zu wissen, daß du nicht dein Ego und auch nicht deine Vergangenheit bist. Du bist das, was lieben und Freude und Jubel erschaffen kann. Du kannst vom alten in das neue Zeitalter hinüberwechseln, indem du einfach aus der Wahrheit deiner eigenen Göttlichkeit heraus handelst und schließlich auch denkst. Damit wirst du dem Planeten den Anstoß geben, den zu geben du gekommen bist. Du bist nicht nur ein Mensch. Du bist Sein in menschlicher Form. Die Istheit hat sich in dir als du manifestiert. Gott wohnt in dir und umgibt dich und spiegelt dich in jeder Facette der Schöpfung.

Jetzt ist es Zeit, dein Licht herausstrahlen zu lassen. Wann immer du merkst, daß du mechanisch, aus einem alten Muster heraus reagierst, frage dich, worauf du dich beziehst. Wenn es die Vergangenheit ist, alte Ängste, Entscheidungen oder Kümmernisse, dann laß diese Reaktion los und erinnere dich wieder daran, daß du der Schöpfer deiner Realität bist und daß du auch jetzt erschaffen kannst. In jedem Augenblick kannst du die Realität erschaffen, die Gott, die Liebe und das Leben spiegelt. Jeder Augenblick gibt dir Gelegenheit, deine Mission auf Erden zu erfüllen.

Es macht dir vielleicht zuerst Angst, die Vergangenheit loszulassen. Dein Ego wird wahrscheinlich um seine Oberherrschaft über dich kämpfen. Du hast dich seit Äonen mit deinem Ego, und damit auch mit deinem Unterbewußtsein, identifiziert, und die Richtigstellung wird anfänglich Disziplin erfordern, so lange, bis du deine Identität von deinem Ego getrennt hast und dir gestattest, deine wahre Herrlichkeit zu spiegeln. Die Herrlichkeit Gottes, die sich durch dich manifestiert, ist kein persönlicher Verdienst. Sie vereint dich mit aller Schöpfung und trennt dich nicht von deiner Welt oder deinen Brüdern und Schwestern. Wenn du bist, der du in Wahrheit bist, dann kannst du die Göttlichkeit in jedem Menschen sehen, dem du begegnest. Wenn du dich übst, aus deiner eigenen Göttlichkeit heraus zu handeln und die Göttlichkeit in anderen zu sehen, dann wirst du die Göttlichkeit in den Menschen deiner Umgebung zum Vorschein bringen.

Jedes Mal, wenn du ein mechanistisches, vorhersehbares Verhalten oder eine emotionale Reaktion losläßt, stellst du deine Fähigkeit unter Beweis, die Realität neu zu erschaffen. Jedes Mal, wenn du aus Liebe handelst anstatt aus Angst, bringst du das Bewußtsein des Planeten der Wahrheit dessen näher, wer wir alle sind. Jeden Tag hat jede deiner Handlungen, jeder deiner Gedanken eine Wirkung auf das Ganze. Das bedeutet nicht, daß du dir Vorhaltungen machen sollst, wenn du dich vergißt. Jeder Selbstvorwurf, jede Selbstverurteilung vergrößert nur die Lüge, daß du nicht vollkommenes Bewußtsein bist. Wenn du bemerkst, daß du deine Realität nicht aus der Liebe erschaffen hast, dann ist Lachen die angemessene Reaktion. Du kannst über das Netz, das du erschaffen und in dem du dich gefangen hast, lachen, ohne dadurch der Wahrheit dessen, was du bist, unrecht zu tun. Nimm deine Fehler leicht und denke daran, daß der nächste Augenblick eine neue Gelegenheit bringt, aus der Freude heraus zu erschaffen.

Du kannst die Erde vor der Zerstörung bewahren. In dem Maße, wie du dich immer weniger mit deinem Ego und immer mehr mit der Göttlichkeit deines höheren Bewußtseins identifizierst, wirst du die Schwingung der Realitätsebene verändern, die die Erde und alle verwandten Formen umfaßt. Du hast die Manifestation in physischer Form gewählt, um das zu tun. Du kannst jetzt bewußt damit beginnen. Du kannst ein neues Zeitalter erschaffen. Du kannst die Welt retten.

Rhea Powers

Aufruf
an die
Lichtarbeiter

Am
Anfang
war das
Wort, und
das Wort war
bei Gott, und das
Wort war Gott, und
an jenem Anfang er-
schufen wir uns alle selbst,
und wir erschufen ein Spiel.
Die Erde ist Teil des Spiels, das
wir geschaffen haben, und auf dem
Planeten Erde sind diejenigen von uns,
die das Spiel des Bewußtseinswandels
gewählt haben, das Spiel der Spiritualität.
Vielleicht bist *du* einer dieser Menschen, eines
der Mitglieder unseres Teams, das hierher auf die
Erde kam, um sie zu erwecken, um das Bewußtsein
der Wesen auf diesem Planeten zu wecken, damit sie
wissen, wer sie sind. Es ist jetzt an der Zeit für dich, zu
wissen, wer *du* bist.

ISBN 3-924161-06-2

Rhea Powers

arbeitet seit 1978 als Past Life-Therapeutin und Rebirtherin in USA und zunehmend auch in Europa. Sie stellt sich als Mittlerin zu höheren Bewußtseinsebenen zur Verfügung — so ist zum Beispiel dies Buch entstanden; und sie ist in der Lage, Menschen von fremden, negativ wirkenden Energien zu befreien. Man nennt das *Clearing.*

Darüber hinaus bildet Rhea andere spirituelle Lehrer aus, um das Netzwerk der internationalen Gruppe von *Lichtarbeitern* zu verstärken.

Ihre vielseitige, segensreiche Tätigkeit dient dem Zweck, anderen dabei zu helfen, sich als das *wieder*zuerkennen, was sie immer schon waren: Spirit, manifestiert in Form.

Für weitere Informationen über Rheas Arbeit in Europa wende man sich bitte an folgende Adresse

Rhea Powers
Postfach 92
D-8162 Schliersee